# 中职信息技术同步练

主　编　卢美玉

参　编　吴肖肖　周明康　梁幼萍
　　　　朱根升　叶开宇

电子工业出版社
Publishing House of Electronics Industry
北京·BEIJING

## 内 容 简 介

本同步练以《中等职业学校信息技术课程标准（2020年版）》为纲，共八个单元，每个单元罗列了单元要求。同时，为了衔接新版国规教材内容，本同步练的每个单元相应安排了2~6个小节，每个小节均明确了学习要求，配套安排了1~6个任务，每个任务包括学习重点、知识梳理、例题解析、基础练习、提高练习和拓展练习，旨在让学生根据自身实际情况有选择性地"学"和教师有针对性地"教"，从而实现中职信息技术学科的精准教学。

本同步练作为中职信息技术的补充练习，适用于中等职业学校学生。

未经许可，不得以任何方式复制或抄袭本书之部分或全部内容。
版权所有，侵权必究。

**图书在版编目（CIP）数据**

中职信息技术同步练/卢美玉主编. —北京：电子工业出版社，2021.12
ISBN 978-7-121-38050-1

Ⅰ. ①中… Ⅱ. ①卢… Ⅲ. ①计算机课—中等专业学校—教学参考资料 Ⅳ. ①G634.673

中国版本图书馆 CIP 数据核字（2021）第 260773 号

责任编辑：王志宇
印　　刷：三河市华成印务有限公司
装　　订：三河市华成印务有限公司
出版发行：电子工业出版社
　　　　　北京市海淀区万寿路173信箱　邮编　100036
开　　本：880×1 230　1/16　印张：15.75　字数：323千字
版　　次：2021年12月第1版
印　　次：2023年4月第6次印刷
定　　价：45.50元

凡所购买电子工业出版社图书有缺损问题，请向购买书店调换。若书店售缺，请与本社发行部联系，联系及邮购电话：（010）88254888，88258888。
质量投诉请发邮件至 zlts@phei.com.cn，盗版侵权举报请发邮件至 dbqq@phei.com.cn。
本书咨询联系方式：（010）88254523，wangzy@phei.com.cn。

本同步练以《中等职业学校信息技术课程标准（2020年版）》为纲，是基于中职学校国规教材《信息技术》（基础模块上、下册）编制的补充同步练习。

本同步练适用于中等职业学校高一年级学生，由8个单元32个节78个任务组成。依据新课标要求，明确了各单元的单元要求、小节的学习要求、任务的学习重点，并分任务安排了知识梳理、例题解析、基础练习、提高练习和拓展练习，其中"知识梳理"旨在帮助学生做好课前预学、课中助学和课后复学，"例题解析"旨在解决知识的重难点和易错点，"基础练习"、"提高练习"和"拓展练习"旨在让学生根据自身实际情况有选择地"学"、"练"和教师有针对地"选"、"教"，从而实现中职信息技术学科的精准教学。

本同步练主要编写人员为临海市中职信息技术学科教研员和临海市中职信息技术学科教研大组的骨干教师：卢美玉（临海市教育局教研室 高级讲师）、叶开宇（临海市教育局教研室 高级讲师）、朱根升（临海市中等职业技术学校 高级讲师）、周明康（临海市高级职业中学 高级讲师）、吴肖肖（临海市豪情汽车工业学校 讲师）、梁幼萍（临海市桃渚中学 讲师）。具体分工为：第1单元由吴肖肖编写，第2单元由吴肖肖、卢美玉合编，第3、4单元由周明康编写，第5单元由朱根升编写，第6单元由梁幼萍编写，第7、8单元由卢美玉编写，3套模拟试卷由梁幼萍主编、吴肖肖和卢美玉协编，台州市无纸化考试的历年计算机应用基础真题由吴肖肖收集提供。浙江省计算机特级教师、临海市中职信息技术学科教研员卢美玉担任本同步练主编并负责统稿，浙江省计算机名师工作室领衔人、台州市名教师朱根升和台州市名教师、临海市中职教研员叶开宇审阅了本同步练。

由于编者水平有限，难免存在不足与疏漏，恳请广大教师、学生提出宝贵意见，我们将不断补充修订，使本同步练日趋完善。

编　者

# 目 录

## 第1单元 探索信息技术——信息技术应用基础 ... 1

### 1.1 走进信息时代 ... 1
  - 任务1 了解信息技术的发展与应用 ... 1
  - 任务2 了解信息社会 ... 4

### 1.2 认识信息系统 ... 7
  - 任务1 认识信息系统的组成 ... 7
  - 任务2 解读信息的编码与存储 ... 11

### 1.3 选配信息设备 ... 14
  - 任务1 选用信息技术设备 ... 14
  - 任务2 连接信息技术设备 ... 16
  - 任务3 设置信息技术设备 ... 19

### 1.4 使用操作系统 ... 21
  - 任务1 了解操作系统 ... 21
  - 任务2 输入文字 ... 24
  - 任务3 使用操作系统自带程序 ... 27

### 1.5 管理信息资源 ... 29
  - 任务1 标记与管理信息 ... 29
  - 任务2 压缩与备份信息 ... 34

### 1.6 维护信息系统 ... 36

### 单元测试 ... 38

## 第2单元 神奇的e空间——网络应用 ... 42

### 2.1 走进网络社会 ... 42
  - 任务1 感知互联网社会 ... 42
  - 任务2 了解网络协议 ... 45
  - 任务3 体验网络服务 ... 48

### 2.2 配置网络 ... 52
  - 任务1 认识网络设备 ... 52
  - 任务2 连接网络 ... 55
  - 任务3 排除网络故障 ... 58

| 2.3 | 获取网络资源 | 61 |
|---|---|---|
| | 任务1 认识网络信息资源 | 61 |
| | 任务2 检索和评估信息资源 | 63 |
| 2.4 | 进行网络交流 | 65 |
| | 任务1 使用电子邮件和即时通信软件 | 66 |
| | 任务2 发布自媒体信息 | 68 |
| 2.5 | 运用网络工具 | 71 |
| 2.6 | 探索物联网 | 74 |
| | 任务1 认识物联网 | 74 |
| | 任务2 体验物联网 | 76 |
| 单元测试 | | 78 |

## 第3单元 文档创意与制作——图文编辑 ... 82

| 3.1 | 图文编辑入门 | 82 |
|---|---|---|
| | 任务1 了解图文编辑 | 82 |
| | 任务2 新建文档 | 84 |
| | 任务3 保护文档 | 86 |
| 3.2 | 设置文档格式 | 88 |
| | 任务1 设置文本格式 | 89 |
| | 任务2 设置段落格式 | 91 |
| | 任务3 设置页面格式 | 94 |
| 3.3 | 制作表格 | 97 |
| | 任务1 新建表格 | 98 |
| | 任务2 设置表格格式 | 100 |
| | 任务3 文本和表格相互转换 | 102 |
| 3.4 | 图文表混排 | 104 |
| | 任务1 应用形状和艺术字 | 104 |
| | 任务2 绘制智能图形 | 106 |
| | 任务3 图文表编排 | 108 |
| 3.5 | 文档创编进阶 | 111 |
| | 任务1 创建目录与题注 | 111 |
| | 任务2 批量生成文档 | 113 |
| | 任务3 初步了解版式设计 | 115 |
| 单元测试 | | 118 |

## 第4单元 用数据说话——数据处理 ... 121

| 4.1 | 采集数据 | 121 |
|---|---|---|
| | 任务1 输入数据 | 121 |
| | 任务2 导入数据 | 123 |

VI

　　　　任务3　格式化数据 ……………………………………………………………………… 125
　4.2　加工数据 …………………………………………………………………………………… 127
　　　　任务1　使用公式和函数 …………………………………………………………………… 127
　　　　任务2　使用排序 …………………………………………………………………………… 129
　　　　任务3　使用筛选 …………………………………………………………………………… 131
　　　　任务4　使用分类汇总 ……………………………………………………………………… 132
　4.3　分析数据 …………………………………………………………………………………… 134
　　　　任务1　使用图表 …………………………………………………………………………… 134
　　　　任务2　使用数据透视表和透视图 ………………………………………………………… 136
　4.4　初识大数据 ………………………………………………………………………………… 138
　　　　任务　了解大数据 …………………………………………………………………………… 139
　单元测试 …………………………………………………………………………………………… 141

# 第5单元　感受程序魅力——程序设计入门 ……………………………………………… 144

　5.1　初识程序设计 ……………………………………………………………………………… 144
　　　　任务1　认识算法 …………………………………………………………………………… 144
　　　　任务2　使用程序设计语言 ………………………………………………………………… 146
　5.2　设计简单程序 ……………………………………………………………………………… 149
　　　　任务1　使用选择结构 ……………………………………………………………………… 150
　　　　任务2　使用循环结构 ……………………………………………………………………… 153
　　　　任务3　使用函数 …………………………………………………………………………… 155
　5.3　运用典型算法 ……………………………………………………………………………… 157
　　　　任务1　运用排序算法 ……………………………………………………………………… 157
　　　　任务2　运用查找算法 ……………………………………………………………………… 160
　单元测试 …………………………………………………………………………………………… 163

# 第6单元　创造动感体验——数字媒体技术应用 ………………………………………… 166

　6.1　感知数字媒体技术 ………………………………………………………………………… 166
　　　　任务1　体验数字媒体技术 ………………………………………………………………… 166
　　　　任务2　了解数字媒体技术原理 …………………………………………………………… 169
　6.2　制作简单数字媒体作品 …………………………………………………………………… 172
　　　　任务1　加工处理图像 ……………………………………………………………………… 172
　　　　任务2　制作动画作品 ……………………………………………………………………… 174
　　　　任务3　制作短视频作品 …………………………………………………………………… 176
　6.3　设计演示文稿作品 ………………………………………………………………………… 178
　　　　任务1　构思演示文稿作品 ………………………………………………………………… 178
　　　　任务2　制作基础版演示文稿 ……………………………………………………………… 180
　　　　任务3　制作进阶版演示文稿 ……………………………………………………………… 183
　6.4　初识虚拟现实与增强现实 ………………………………………………………………… 186

　　　　任务1　了解虚拟现实技术 ………………………………………………………… 187
　　　　任务2　了解增强现实技术 ………………………………………………………… 189
　　单元测试 …………………………………………………………………………………… 190

# 第7单元　构筑信息社会"防火墙"——信息安全基础 …………………………… 194

## 7.1　了解信息安全常识 ……………………………………………………………… 194
　　　　任务1　初识信息安全 ……………………………………………………………… 194
　　　　任务2　识别信息系统安全风险 …………………………………………………… 197
　　　　任务3　应对信息安全风险 ………………………………………………………… 199
## 7.2　防范信息系统恶意攻击 ………………………………………………………… 202
　　　　任务1　辨别常见的恶意攻击 ……………………………………………………… 202
　　　　任务2　掌握常用信息安全技术 …………………………………………………… 205
　　　　任务3　安全使用信息系统 ………………………………………………………… 208
　　单元测试 …………………………………………………………………………………… 211

# 第8单元　未来世界早体验——人工智能初步 …………………………………… 214

## 8.1　初识人工智能 …………………………………………………………………… 214
　　　　任务1　揭开人工智能面纱 ………………………………………………………… 214
　　　　任务2　体验人工智能应用 ………………………………………………………… 217
## 8.2　探寻机器人 ……………………………………………………………………… 219
　　　　任务1　走近机器人 ………………………………………………………………… 219
　　　　任务2　畅想未来世界 ……………………………………………………………… 222
　　单元测试 …………………………………………………………………………………… 224

# 中职信息技术学业水平考试模拟试卷（一） …………………………………………… 227

# 中职信息技术学业水平考试模拟试卷（二） …………………………………………… 233

# 中职信息技术学业水平考试模拟试卷（三） …………………………………………… 239

# 第 1 单元

## 探索信息技术——信息技术应用基础

◎ 单元要求

本单元旨在了解信息技术的发展趋势及应用领域，关注信息技术对社会形态和个人行为方式带来的影响；了解信息社会相关的文化、道德和法律常识，树立正确的价值观，履行信息社会责任；理解信息系统的工作机制，掌握常见信息技术设备及主流操作系统的使用技能。

## 1.1 走进信息时代

> **学习要求**
>
> 1. 了解信息技术的概念和发展历程；
> 2. 了解信息技术在当今社会的典型应用，探讨其对人类社会生产、生活方式的影响；
> 3. 了解信息社会的特征和相应的文化、道德和法律常识；
> 4. 了解信息社会的发展趋势和智慧社会的前景。

### 任务1 了解信息技术的发展与应用

**学习重点**

1. 信息技术的概念和发展历程；
2. 信息技术的典型应用。

### 知识梳理

1. 信息技术是指信息的_____、加工、存储、_____与_____等各种技术的总和。

2. ____年，在____国宾夕法尼亚大学莫尔电机学院研制的_____是世界上第一台真正意义的电子计算机。

3. 根据采用的电子元器件的不同，一般认为计算机发展阶段可分为电子管时代、晶体管时代、_____时代、_____时代四个阶段。

4. 信息技术的_____有科学计算、信息处理、辅助设计、智能制造、娱乐游戏、辅助教学等。

5. 由_____自主研发，排名世界前列的超级计算机"_____"，每秒可以完成9.3京次（1京次为1亿亿次）的浮点运算，曾多次位列全球超算排行榜第1名。

### 例题解析

1. 计算机辅助设计的英文缩写是（　　）。
   A．CAD　　　　　　　　　B．CAI
   C．CAM　　　　　　　　　D．CAT

   解析：计算机辅助设计的英文缩写是CAD；计算机辅助教学的英文缩写是CAI；计算机辅助制造的英文缩写是CAM；计算机辅助测试的英文缩写是CAT。故答案为A。

2. 利用计算机模拟专家给病人诊断是属于计算机在（　　）方面的应用。
   A．人工智能　　　　　　　B．科学计算
   C．过程控制　　　　　　　D．多媒体视听

   解析：人工智能（AI）是指模拟人脑进行演绎推理和采取决策的思维过程，是通过在计算机中存储一些定理和推理规则，然后设计程序让计算机自动探索解题的方法。人工智能的应用主要有机器人、定理证明、模式识别和专家系统等方面。故答案为A。

### 基础练习

1. 世界上公认的第一台计算机ENIAC于1946年在（　　）诞生。
   A．美国　　　　　　　　　B．法国
   C．英国　　　　　　　　　D．德国

2. ENIAC所采用的电子元器件是（　　）。
   A．电子管　　　　　　　　B．晶体管
   C．中小规模集成电路　　　D．大规模、超大规模集成电路

3. 第一代计算机不仅体积大、耗能高，且速度慢，主要原因是受到（　　）的制约。
   A．工艺水平　　　　　　　　B．元器件
   C．设计水平　　　　　　　　D．元材料

4. 使用计算机进行工业模型设计属于信息技术在（　　）方面的应用。
   A．科学计算　　　　　　　　B．信息处理
   C．辅助设计　　　　　　　　D．辅助学习

## 提高练习

1. 计算机自诞生以来，无论在性能、价格等方面都发生了巨大变化，但是（　　）并没有发生变化。
   A．耗电量　　　　　　　　　B．体积
   C．运算速度　　　　　　　　D．基本工作原理

2. 电子计算机技术在半个世纪中虽有很大进步，但至今其运行仍遵循着一位科学家提出的基本原理，他就是（　　）。
   A．冯·诺依曼　　　　　　　B．爱因斯坦
   C．爱迪生　　　　　　　　　D．牛顿

3. 按计算机应用场景分，"12306火车票网上售票系统"属于（　　）。
   A．科学计算　　　　　　　　B．辅助设计
   C．信息处理　　　　　　　　D．实时控制

4. 使用计算机进行汽车、飞机等模拟驾驶训练属于（　　）方面的应用。
   A．高速计算　　　　　　　　B．数据处理
   C．微波通信　　　　　　　　D．虚拟现实

5. "神工一号"是天津大学研制的人工神经康复机器人，是全球首台适用于全肢体中风康复的"纯意念控制"人工神经机器人系统，它属于计算机的（　　）应用领域。
   A．科学计算　　　　　　　　B．人工智能
   C．过程控制　　　　　　　　D．计算机辅助系统

## 拓展练习

1. 我国第一台计算机诞生于（　　）。
   A．1946年　　　　　　　　　B．1956年
   C．1958年　　　　　　　　　D．1981年

2．2001 年 10 月，中国科学院计算技术研究所成功研发我国首枚高性能通用 CPU 验证芯片，意义十分重大，它的名字叫（    ）。

  A．龙芯        B．曙光

  C．深腾        D．银河

3．计算机可以存放一个城市的所有电话号码，体现了计算机（    ）的特点。

  A．运算精度高      B．具有存储功能

  C．具有逻辑判断能力    D．具有自动控制能力

## 任务 2　了解信息社会

### 学习重点

1．信息社会的定义及特征；

2．信息社会的文化、道德和法律常识；

3．信息社会的发展趋势和智慧社会的前景。

### 知识梳理

1．信息社会是指继农业社会、工业社会后，以＿＿＿＿＿＿为基础的人类社会的新型社会形态和新发展阶段。它的四个基本特征：信息经济、网络社会、数字生活、＿＿＿＿＿＿。

2．信息经济是指以信息与＿＿＿＿的生产、分配、拥有和使用为主要特征，以＿＿＿＿为主要驱动力的经济形态。

3．数字生活体现在＿＿＿＿＿＿、生活方式数字化、生活内容数字化三个方面。

4．在线政务充分利用＿＿＿＿＿实现＿＿＿＿＿和＿＿＿＿＿。在信息技术的支撑下，在线政务具有科学决策、公开透明、＿＿＿＿＿、＿＿＿＿＿等方面的特征。

5．信息社会的文化，表现出＿＿＿＿、开放性、＿＿＿＿等特点。

6．信息社会的道德，强调人们在现实空间与网络虚拟空间并存的状态下，凡是现实生活中需要遵循的道德准则，在＿＿＿＿＿＿＿中同样需要遵守。

7．在日常的信息活动中，同学们应秉持诚信友善、包容共享、尊重隐私的原则，传播正能量、弘扬主旋律，并注重保护＿＿＿＿＿＿＿。

8. 《全国青少年网络文明公约》：
（1）要善于网上学习，＿＿＿＿＿＿＿＿＿＿＿＿＿；
（2）要诚实友好交流，不侮辱欺诈他人；
（3）要增强自护意识，＿＿＿＿＿＿＿＿＿＿＿＿＿；
（4）要维护网络安全，不破坏网络秩序；
（5）要有益身心健康，＿＿＿＿＿＿＿＿＿＿＿＿＿。

## 例题解析

1. 信息社会道德的基本要求是（　　）。
   A．不损害国家利益　　　　B．不损害公共利益
   C．不损害他人利益　　　　D．以上都是

解析：不损害国家利益、公共利益和他人利益，是信息社会道德的基本要求。故答案为 D。

2. 我们上网时必须遵守（　　）。
   ①不要浏览内容不健康的网站；②不要轻易地告诉网友自己的真实住址；③不要相信网络，网络里很复杂、很不安全，我们应该少上网或不上网为佳；④不要轻易与网友见面。
   A．①③　　　　B．②③　　　　C．①②④　　　　D．①②③④

解析：网络上的信息很复杂，存在不安全因素，但不代表就不能上网，所以③的表述有误。故答案为 C。

## 基础练习

1. 下列不属于信息社会主要特征的是（　　）。
   A．信息经济　　B．现场政务　　C．数字生活　　D．网络社会

2. 数字生活体现在（　　）方面。
   A．生活方式数字化　　　　B．生活内容数字化
   C．生活工具数字化　　　　D．以上都是

3. "要维护网络安全，不破坏网络秩序"，这说明（　　）。
   A．网络交往不用遵守道德
   B．上网要遵守法律
   C．在网络上可以随意发表自己的意见
   D．在网络上可以随意传播信息

4. 下列不属于违反计算机知识产权有关法规的行为是（　　）。

　　A．删除自己计算机中无用的程序

　　B．使用盗版软件

　　C．窃取他人计算机的信息资源

　　D．随便复制传播计算机软件

5. 未经授权使用（　　）属于盗版行为。

　　A．金山毒霸 2021 试用版　　B．WinRAR 免费版

　　C．Office 2019 中文企业版　　D．HP Laserjet 1000 打印驱动程序

## 提高练习

1. "最多跑一次"体现了信息社会的哪个特征？（　　）

　　A．信息经济　　　　　　　B．网络社会

　　C．数字生活　　　　　　　D．在线政务

2. 保护计算机知识产权的目的是（　　）。

　　A．为了鼓励软件开发和交流　　B．促进计算机应用的健康发展

　　C．引起人们和社会的重视　　　D．以上都是

3. 软件盗版的主要形式有（　　）。

　　A．克隆正版光盘

　　B．购买电脑，按客户要求安装未授权软件

　　C．破解正版软件后，放到网上供用户免费下载

　　D．以上都是

## 拓展练习

1. 小明在网络购物时，手机 App 对其进行的信息推送属于信息社会的哪个特征？（　　）

　　A．信息经济　　B．在线推送　　C．数字生活　　D．在线政务

2. 正版 Windows 10 安装后需要激活，这种设计是为了（　　）。

　　A．保护正版软件的版权　　B．统计软件的销量

　　C．多收钱　　　　　　　　D．提取用户的个人信息

3. 世界知识产权日是（从 2001 年起）每年的 4 月（　　）日。

　　A．24　　　　B．25　　　　C．26　　　　D．27

4．小陈在路边地摊上买了一张含有各种常用软件的光盘，里面既有 Office 2019，也有 Photoshop 等软件，回家后将其中未授权的游戏软件安装在自己的计算机中。针对这个事情，下列观点正确的是（　　）。

  A．有人卖，就可以买

  B．别人可以买，我也可以买

  C．用一用没有关系的，不犯法

  D．小陈买的是盗版光盘，其行为是错误的

## 1.2 认识信息系统

**学习要求**

1．了解信息系统的组成；

2．了解二进制数、十进制数及十六进制数的转换方法；

3．了解信息编码的常见形式，理解存储单位的概念，掌握换算方法。

### 任务1　认识信息系统的组成

**学习重点**

1．信息系统的基本要素与结构；

2．计算机的主要硬件；

3．信息处理的基本流程。

**知识梳理**

1．信息系统是用于信息的_____、存储、_____、输出和控制的系统。

2．信息系统主要由_____、_____、通信网络、信息资源等基本要素组成。

3．软件分为系统软件和应用软件。系统软件由_____、语言编译或解释程序、_____、网络支持软件、系统工具软件等组成。_____是为支持信息系统完成各种功能而编写的专门应用程序，运行于_____之上，如编辑排版软件、

_____、绘图软件、银行服务软件、打车软件等。

4. _____是指将地理位置不同的具有独立功能的多台信息技术设备,通过通信线路连接起来,实现信息传递和资源共享的信息传输系统。

5. _____包括文本、图形图像、音视频等有价值的数据,是信息系统不可或缺的内容要素。

6. 信息系统组成的结构,最底层是_____,由硬件、系统软件和通信网络等组成,提供系统运行的基础支撑;第二层是_____,完成系统所需的信息数据的采集、存储和传输等功能;第三层是_____,提供系统的各种功能逻辑服务;最上层是_____,提供人机交互和结果输出界面,如移动终端 App 或网页操作界面等。

7. 计算机是信息系统进行信息处理的核心设备,由运算器、_____、存储器、输入设备和_____五部分组成。运算器和控制器构成计算机的_____,它是计算机的运算核心和控制核心,负责解释程序指令并进行数据运算和处理。

8. 存储器又分为内存和外存:

(1) 内存(内存储器):又称主存储器(简称主存),一般采用半导体存储单元,包括_____,随机存取存储器(RAM)和高速缓冲存储器(cache)。ROM 的存储内容_____修改,断电后信息不会丢失。RAM 的存储内容可以修改,断电后信息_____;

(2) 外存(外存储器):又称辅助存储器,在断电后仍能保存信息,不能直接与_____和输入、输出设备进行数据交换,需要通过_____交换数据,常见的外存有硬盘、_____、闪存卡和光盘等。

9. _____是向信息系统输入数据和信息的设备。_____、_____、触控屏、摄像头、_____、数码相机、_____、手绘板、手写板,以及各种数据采集装置等都属于输入设备。

10. _____的主要功能是将信息系统处理后的数据以能被人或其他设备所接受的形式输出,如可视化的数字、字符、图像及声音、机械运动等形式。常见的输出设备有显示器、_____、虚拟现实眼镜、_____、_____、音箱等。

11. 信息处理的基本流程:通过_____设备_____程序指令和数据等信息,保存在计算机内存中,然后 CPU 从内存中取出指令,通过译码,再从内存中取出相应的数据,进行_____,最后把结果回送到内存,一方面将其_____到硬盘等外存储器,另一方面将其传输到显示器等_____设备,方便呈现信息处理的结果。

## 例题解析

1. 微信 App 属于信息系统（　　）的结构。

    A．基础设施层　B．资源管理层　C．业务逻辑层　D．应用表现层

解析：信息系统组成的结构中，最上层是应用表现层，提供人机交互和结果输出界面，如移动终端 App 或网页操作界面等。故答案为 D。

2. CPU 可以直接存取的信息存放在（　　）。

    A．光盘　　　B．硬盘　　　C．软盘　　　D．RAM

解析：外存不能直接与 CPU 和输入、输出设备进行数据交换，需要通过内存交换数据，而光盘、硬盘、软盘都属于外存。故答案为 D。

## 基础练习

1. 计算机应用软件是指（　　）。

    A．所有能够用于计算机的软件

    B．操作系统

    C．各种标准的子程序

    D．专门为解决某个应用领域的总体任务而编制的软件

2. 属于计算机系统软件的是（　　）。

    A．数据库系统　　　　　　B．操作系统

    C．Office 办公软件　　　　D．Python 软件

3. 文本、图形图像、音视频等信息属于信息系统的（　　）要素。

    A．硬件　　　　　　　　　B．软件

    C．信息资源　　　　　　　D．通信网络

4. 运算器和（　　）构成计算机的 CPU。

    A．内存　　　　　　　　　B．外存

    C．控制器　　　　　　　　D．输入输出设备

5. 属于智能手机 CPU 的是（　　）。

    A．Intel　　　　　　　　　B．AMD

    C．ARM　　　　　　　　　D．麒麟

6. 内存储器可分为（　　）。

    A．RAM 与 ROM　　　　　B．硬盘与软盘

    C．主存与辅存　　　　　　D．外存与闪存

7．ROM 是（　　）。

　　A．静态存储器　　　　　　B．随机存储器
　　C．只读存储器　　　　　　D．动态存储器

8．断电会使存储数据丢失的存储器是（　　）。

　　A．RAM　　B．软盘　　C．ROM　　D．硬盘

9．闪存卡属于（　　）。

　　A．内存　　B．外存　　C．输入设备　　D．输出设备

10．下列设备中，属于输入设备的是（　　）。

　　A．打印机　　B．绘图仪　　C．键盘　　D．显示器

11．下列设备中，属于输出设备的是（　　）。

　　A．扫描仪　　B．键盘　　C．鼠标　　D．打印机

### 提高练习

1．下列不属于应用软件的是（　　）。

　　A．WinRAR　　　　　　　B．Windows 10
　　C．360 安全卫士　　　　　D．Office

2．反病毒软件是一种（　　）。

　　A．应用软件　　　　　　　B．语言处理程序
　　C．高级语言的源程序　　　D．操作系统

3．CPU 中的控制器，主要作用是（　　）。

　　A．完成各种数据存储　　　B．完成各种算术运算
　　C．完成各种硬件的控制和协调　D．完成各种数据输出

### 拓展练习

1．个人计算机（PC）的主机，必须具备（　　）等硬件。

　　A．CPU、内存、电源、主板　　B．扫描仪和打印机
　　C．摄像头和无线网卡　　　　　D．声卡、网卡和显示卡

2．目前市场上有一种称为"手写笔"的设备，用户使用该"手写笔"在基板上书写或绘画，计算机就可获得相应的信息。"手写笔"是一种（　　）。

　　A．输出设备　　B．随机存储器　　C．输入设备　　D．网络设备

3．（    ）是指在软件发行的时候，附上软件的源代码，并允许用户更改、再发布和进行衍生开发。

A．免费软件    B．开源软件    C．收费软件    D．自由软件

## 任务2  解读信息的编码与存储

### 学习重点

1．数制及二进制数、十进制数、十六进制数的转换方法；
2．信息编码的常见形式；
3．信息的存储及其单位之间的换算方法。

### 知识梳理

1．在信息系统中，用_____代码（0和1）的形式来表示信息。

2．数制及转换

| 数制 | 表示 | 基数 | 进位规则 | 对应的数 |
| --- | --- | --- | --- | --- |
| 十进制 | DEC | 10 |  | 0，1～9 |
| 二进制 | BIN | 2 |  | 0，1 |
| 八进制 | OCT | 8 | 逢八进一 | 0，1～7 |
| 十六进制 | HEX | 16 | 逢十六进一 | 0-9，A～F |

3．在信息系统中，人们设计了各种信息编码，比如_____、ASCII字符编码、汉字编码、条形码与二维码等。

4．_____是国际通用的信息交换标准代码，也是目前使用最广泛的一种字符编码标准。

5．汉字编码包括_____、信息交换码、机内码、字形码。

6．_____是由一组规则排列的条、空及其对应字符组成的图形符号，可以通过_____识读，包含的信息量有限，多用于物品的信息标记。

7．_____是一组按一定规律在平面（二维方向）上分布的_____相间的图形符号。"_____"已经成为信息时代人们生活的常态。

8．_____编码是以满足跨语言、跨平台进行文本转换和处理的要求，广泛应用于

网页、跨平台系统中。

9. _____（Byte，简写为B）是信息技术设备中用于计量存储容量的_____，1B=____b（1字节的容量可以存储8位二进制数）。

10. 计算机中数据的度量单位：位（bit）、字节（Byte）、KB、MB、GB、TB、PB、EB、ZB等，以_____为级间倍数。例如：1 KB=1 024 B，1 MB=1 024 KB，1 GB=1 024 MB，1 TB=1 024 GB。但是，在实际中，硬盘厂商在标注硬盘容量时通常取1 000为级间倍数，所以标称1TB的硬盘容量在计算机中识别的实际容量为_____GB。

## 例题解析

1. 计算机中二进制表示的数1010，用十进制数表示为（　　）。

    A. 1010　　　　　　　　　　B. 10

    C. 8　　　　　　　　　　　　D. 5

解析：$(1010)_2=1×2^3+1×2^1=8+2=10$，计算器验证方法：开始→所有程序→计算器→查看→程序员→二进制→1010→十进制→10。故答案为B。

2. 在微型计算机中，1 MB准确等于（　　）。

    A. 1 024×1 024 字　　　　　　B. 1 024×1 024 字节

    C. 1 000×1 000 字节　　　　　D. 1 000×1 000 字

解析：计算机中数据的度量单位：位（bit）、字节（Byte）、KB、MB、GB、TB等。1 B=8 b（1字节为8位二进制数）；1 TB=1 024 GB；1 GB=1 024 MB；1 MB=1 024 KB；1 KB=1 024 B。故答案为B。

## 基础练习

1. 二进制数1101转化为十进制数为（　　）。

    A. 15　　　　　　　　　　　B. 13

    C. 11　　　　　　　　　　　D. 9

2. 十进制数31转换成二进制数是（　　）。

    A. 11111　　B. 11110　　C. 11101　　D. 10000

3. ASCII是（　　）。

    A. 条件码　　　　　　　　　B. 二-十进制编码

    C. 二进制码　　　　　　　　D. 美国信息交换标准代码

4. 计算机领域中，通常用英文单词"Byte"来表示（　　）。
   A．字  B．字长
   C．字节  D．二进制位

5. 一个字节占（　　）个二进制位。
   A．1  B．2
   C．4  D．8

6. 计算机中信息存储的最小单位是（　　）。
   A．位  B．字长  C．字  D．字节

## 提高练习

1. 二进制数的进位规则是"逢二进一"，其基数为（　　）。
   A．0  B．1
   C．2  D．10

2. 二进制数1001转化为十六进制数是（　　）。
   A．16  B．8
   C．10  D．9

3. 十六进制数1D转换成二进制数是（　　）。
   A．00011101  B．11011101
   C．00011111  D．00010001

4. 微型计算机中使用最普遍的字符编码是（　　）。
   A．Unicode编码  B．汉字编码
   C．二维码  D．ASCII码

## 拓展练习

1. 一张普通DVD-ROM光盘的存储容量约为（　　）。
   A．1.4 MB  B．700 MB
   C．4.7 GB  D．500 GB

2. 出厂容量大小为500 GB的硬盘，在操作系统中显示的容量大小可能是（　　）。
   A．460 GB  B．465 GB
   C．470 GB  D．475 GB

## 1.3 选配信息设备

> **学习要求**
>
> 1. 了解常见信息技术设备的类型和特点；
> 2. 理解信息技术设备主要性能指标的含义，能根据需要选用合适的设备；
> 3. 掌握正确连接计算机、移动终端和常用外围设备，以及将信息技术设备接入互联网的方法；
> 4. 了解计算机和移动终端等常见信息技术设备基本设置的操作方法，会进行系统、设备、语言（输入法）等的配置。

### 任务1 选用信息技术设备

**学习重点**

1. 常见信息技术设备的类型和特点；
2. 信息技术设备主要性能指标的含义；
3. 信息技术设备的选用。

**知识梳理**

1. 在选用信息技术设备时，首先要了解设备的功能特点和＿＿＿＿＿＿＿＿，然后根据实际需要和＿＿＿＿＿＿＿＿的原则，确定配置和采购计划。

2. 常见的信息技术设备一般有＿＿＿＿＿＿、移动终端类、＿＿＿＿＿＿、外围设备类和网络设备类等。其中：

（1）计算机类信息技术设备包括台式计算机、一体式计算机、服务器、笔记本电脑等。台式计算机和一体式计算机适合＿＿＿＿＿＿＿＿使用，服务器适用于较专业的信息处理与计算服务，笔记本电脑适合＿＿＿＿＿＿＿＿使用；

（2）移动终端类信息技术设备主要有智能手机和平板电脑等。＿＿＿＿＿＿＿＿可由用户自行安装软件、游戏、导航等程序，并可以通过移动通信网络来实现无线网络接入的移动终端。

_____是一种小型、方便携带的移动终端，以_____作为基本的输入设备，支持网络和蓝牙无线传输技术，其性能指标与智能手机相近；

（3）可穿戴设备是指可以直接穿在身上，或是整合到用户的衣服或配件的一类_____信息技术设备；

（4）外围设备有触摸屏、摄像头、_____、游戏杆、数码相机、扫描仪、手绘板、_____、_____、虚拟现实眼镜、打印机、绘图仪、音箱、耳机等；

（5）_____是用于将信息技术设备连入网络的设备，日常使用的有网络交换机、无线路由器等。

## 例题解析

1. 计算机的运算速度主要由（　　）指标决定。

   A．CPU 主频　　　　　　　B．显示器分辨率
   
   C．硬盘容量　　　　　　　D．CPU 制程工艺

**解析**：计算机的主要性能指标：字长、主频、运算速度、内存储器容量、存取周期等。主频决定 CPU 在单位时间内的运算次数，主频越高，运算速度越快。故答案为 A。

2. 下列叙述错误的是（　　）。

   A．字长越长，精度就越高
   
   B．存取周期越短，读写速度越快
   
   C．存储容量越大，计算机运行越流畅
   
   D．主频越高，运算速度越快

**解析**：控制器和运算器组成 CPU（又称中央处理器）。决定 CPU 性能的主要参数是主频和字长。主频越高，运算速度越快；字长越长，单次运算处理的数值范围越大，精度也越高。故答案为 C。

## 基础练习

1. 在选用信息技术设备时，首先要了解设备的功能特点和（　　），然后根据实际需要和性价比最优的原则，确定配置和采购计划。

   A．运算速度　　　　　　　B．主要性能指标
   
   C．容量大小　　　　　　　D．外观设计

2. 常见的信息技术设备一般有（　　）和外围设备类、网络设备类等。

  A．计算机类       B．移动终端类

  C．可穿戴设备类     D．以上都是

3. 下列不属于计算机类信息技术设备的是（　　）。

  A．服务器       B．笔记本电脑

  C．平板电脑      D．台式计算机

4. 智能手机目前是人们（　　）信息、进行信息（　　）和信息（　　）最常用的信息技术设备。

  A．获取　交流　处理   B．交流　加工　处理

  C．处理　加工　交流   D．加工　获取　交流

### 提高练习

1. 某计算机 CPU 上标明"CORE i5-10400 6 核心 12 线程 2.90GHz"，其中 2.90GHz 指的是（　　）。

  A．内存的容量     B．CPU 的序号

  C．CPU 的工作电压    D．CPU 的时钟频率

2. 家中计算机的配置为：i5-10400 8G 1T wifi Windows 10，表示硬盘容量的参数是（　　）。

  A．i5-10400      B．8 G

  C．1 T        D．wifi

### 拓展练习

计算机运算速度的单位是（　　）。

  A．bps   B．MIPS   C．MB/s   D．dpi

## 任务 2　连接信息技术设备

### 学习重点

1. 计算机、移动终端与常用外围设备的连接；

2. 信息技术设备接入互联网的方法。

## 知识梳理

1. 键盘/鼠标可以通过_____或_____与计算机连接。对于无线键盘/鼠标，将键盘/鼠标配套的_____插入主机的 USB 接口即可。

2. 显示器、投影仪、数字电视等显示设备与计算机连接，可以使用 DVI、_____、DisplayPort（DP）、_____等类型接口。

3. 计算机连接音频设备，一般使用_____mm 同轴音频线缆和_____接口。

4. 计算机连接打印机、移动硬盘、数码相机或摄像机及其他信息技术设备，一般通过 USB 接口和_____进行连接。USB 接口和线缆又分为标准型、微型和_____型等。

5. 信息技术设备接入互联网的方式有：

（1）有线方式：连接网络时，使用有线网络接口（RJ-45 接口）的_____，一端插入计算机的网络接口，另一端插入网络交换机或路由器的网络接口，就可以实现计算机与本地网络的_____；

（2）无线方式：可通过_____网络进行连接。智能手机、平板电脑等移动终端连接互联网，还有另外一种方式就是连接_____。

## 例题解析

1. HDMI 是（　　）设备与计算机连接的接口类型。

　　A．网络　　　　　　　　B．打印

　　C．显示　　　　　　　　D．存储

解析：显示器、投影仪、数字电视等显示设备与计算机连接，可以使用 DVI、HDMI、DisplayPort（DP）、VGA 等类型接口。故答案为 C。

2. 计算机使用 3.5 mm 同轴音频线缆连接音频设备时，根据音频接口颜色来标识音频设备的类型，如（　　）接麦克风，（　　）接音箱、耳机等音频输出设备。

　　A．红色　蓝色　　　　　B．蓝色　灰色

　　C．红色　绿色　　　　　D．绿色　灰色

解析：计算机连接音频设备，一般情况使用 3.5 mm 同轴音频线缆，可通过音频接口颜色来标识所接音频设备的类型，如"红色"接麦克风，"蓝色"接音频输入设备，"绿色"接音箱、耳机等音频输出设备，其他颜色为其他声道音频输出接口。故答案为 C。

### 基础练习

1. 计算机可以使用主机的（　　）连接键盘/鼠标。
   A．DP 接口　　　　　　　　B．USB 接口
   C．VGA 接口　　　　　　　D．HDMI 接口

2. 显示器后面接出两条线缆，一条是信号线，另一条是（　　）。
   A．电源线　　　　　　　　B．电话线
   C．网线　　　　　　　　　D．声音连接线

3. 组装计算机中，下面的（　　）接口是可以热插拔的。
   A．PS/2　　　　　　　　　B．USB
   C．显示接口　　　　　　　D．LPT1

4. 通常 U 盘通过（　　）接口与计算机相连接。
   A．USB　　　　　　　　　B．RJ-45
   C．VGA　　　　　　　　　D．PS/2

### 提高练习

1. 目前广泛使用的"通用串行总线"接口的英文简称是（　　）。
   A．USB　　　　　　　　　B．ISP
   C．CAI　　　　　　　　　D．HTML

2. USB 接口不可用于（　　）设备的连接。
   A．音频　　B．U 盘　　C．服务器　　D．键盘

### 拓展练习

1. PC 的机箱背面常有很多接口用来与外设连接，但（　　）接口不在机箱外面。
   A．USB　　　　　　　　　B．音频输入/输出
   C．PS/2　　　　　　　　　D．硬盘的 IDE

2. 计算机和打印机中，一方电源开启时，不能插拔打印电缆，原因是（　　）。
   A．带电插拔可能会对人造成电击
   B．带电插拔可能会因为瞬时电流损坏接口
   C．带电插拔会使计算机不能工作
   D．带电插拔可能会使相邻打印机出错

## 任务3　设置信息技术设备

### 学习重点

1. 常见信息技术设备的基本设置及操作方法；
2. 系统、设备、语言（输入法）的配置。

### 知识梳理

1. _____是使用信息技术设备的基本操作，用来调整设备的各种参数和属性、优化设备的性能、设置符合用户操作习惯的模式、进行安全设置与系统维护等。

2. 进行信息技术设备的基本设置：

（1）进入设置界面：不同类型的信息技术设备均集成了"_____"工具，打开设置界面，就可以进行各种设置操作；

（2）设置显示属性：显示属性一般包括_____、显示比例、_____、多显示器设置等。设置多显示器的方法：事先连接好第二台显示器或投影仪，进入"显示"设置界面，在"多显示器设置"项中，设置"_____"或"扩展这些显示器"。也可以使用_____组合键，打开"投影"设置界面，选择"复制"模式；

（3）设置日期和时间：可以通过手动或者自动方式完成，_____是指通过互联网定位信息技术设备当前所处的时区，并与世界标准时钟系统进行自动校准；

（4）设置语言和输入法：在设置界面中选择"时间和语言"→"_____"即可。

3. _____是一种可实现设备之间的短距离数据传输的无线技术标准，一般用于10米以内的无线设备连接。如_____、蓝牙音箱、_____、蓝牙键盘等。

### 例题解析

设置多显示器时，可以使用（　　）组合键，打开"投影"设置界面，选择"复制"模式。

　　A．Win+P　　　B．Win+D　　　C．Win+E　　　D．Win+R

**解析**：设置多显示器的方法：事先连接好第二台显示器或投影仪，进入"显示"设置界面，在"多显示器设置"项中，设置"复制这些显示器"或"扩展这些显示器"。也可以使用Win+P组合键，打开"投影"设置界面，选择"复制"模式。故答案为A。

### 基础练习

1. 显示器的规格中，数据 1 024×768 表示（　　）。

    A．显示器屏幕的大小　　　　B．显示器的分辨率

    C．显示器的颜色指标　　　　D．显示器显示字符的最大列数和行数

2. 调整时间的（　　）方式是指通过互联网定位信息技术设备当前所处的时区，并与世界标准时钟系统进行自动校准。

    A．手动　　　　　　　　　　B．自动

    C．半自动　　　　　　　　　D．机械

3. 在 Windows 10 操作系统中，可以更改系统"日期和时间"格式的方法是（　　）。

    A．进入"控制面板"，选择"时钟、语言和区域"更改

    B．进入 BIOS 进行更改

    C．右击桌面进入"个性化"更改

    D．进入"控制面板"选择"程序"更改

4. 蓝牙是一种可实现设备之间的短距离数据传输的无线技术标准，一般用于（　　）米以内的无线设备连接。

    A．5　　　　　　　　　　　　B．8

    C．10　　　　　　　　　　　 D．15

### 提高练习

1. "蓝牙"（Bluetooth）是一项全球统一的短距离无线通信标准，其名字来源于（　　）。

    A．10 世纪丹麦国王哈洛德的绰号

    B．短距离无线通信技术发明者的名字

    C．英文的中文翻译

    D．蓝牙设备的外观像牙齿，且多用蓝色

2. 关于在 Windows 中设置屏幕的分辨率和颜色质量，下列说法正确的是（　　）。

    A．设得越高越好

    B．设得越低越好

    C．无所谓，怎么样都行

    D．根据显示器的说明书结合自己的实际要求适当调整

### 拓展练习

1. 操作题：设置计算机的系统时间为"2021年9月1日23点40分"。
2. 操作题：使用安卓系统的智能手机完成屏幕分辨率和桌面的设置。

## 1.4 使用操作系统

**学习要求**

1. 了解操作系统的功能，能列举主流操作系统的类型和特点；
2. 了解主流操作系统用户界面的类型、基本元素（对象）和功能；
3. 会进行图形用户界面操作；
4. 会安装、卸载应用程序和驱动程序；
5. 了解常用中英文输入方法，能熟练运用中文输入法进行文本和常用符号输入，会使用语音识别、光学识别等工具输入文本；
6. 了解操作系统自带的常用程序的功能和使用方法。

### 任务1 了解操作系统

**学习重点**

1. 操作系统的定义和主流操作系统的分类；
2. 操作系统用户界面的类型、基本元素（对象）和功能，以及图形用户界面操作；
3. 应用程序和驱动程序的安装、卸载。

**知识梳理**

1. ＿＿＿＿＿＿＿＿＿＿是用于管理和控制计算机等信息技术设备软件、硬件及信息资源的专门程序，是人们操作信息技术设备的交互接口，是最重要的系统软件。

2. 根据支持信息技术设备类型的不同，目前的主流操作系统分为＿＿＿＿＿＿＿＿、服务器操作系统和＿＿＿＿＿＿＿＿＿＿＿＿＿＿＿。其中：

（1）桌面操作系统有 Windows 系列、Linux 系列、UNIX 系列等。Windows 系列占主导地位，当前的主流版本是＿＿＿＿＿＿＿。Linux 系列有＿＿＿＿＿＿、中兴新支点、Ubuntu、麒麟等。UNIX 系列有苹果公司推出的 Mac OS X；

（2）＿＿＿＿＿＿＿＿＿＿主要有 Windows Server、NetWare、UNIX 和 Linux 四大系列；

（3）移动终端设备操作系统主要有＿＿＿＿＿＿、iOS 和华为的＿＿＿＿＿＿。

3．＿＿＿＿＿＿＿又称人机界面，是用户使用计算机等信息技术设备的接口，其主要包括信息呈现方式、操作命令等，有命令行界面（CUI）和＿＿＿＿＿＿＿等类型。

4．＿＿＿＿＿＿指通过软件模拟的具有完整功能的硬件系统，运行与真实计算机隔离的仿真计算机系统。它可以让我们在一台计算机上同时安装运行＿＿＿＿操作系统，常见的工具软件有 VMware、＿＿＿＿＿＿和 Windows 操作系统自带的 Hyper-V。

5．使用虚拟机安装操作系统的步骤是：

（1）设置虚拟机；

（2）载入操作系统＿＿＿＿；

（3）启动安装进程。

6．安装应用程序的方法有：

（1）通过应用商店安装应用程序；

（2）使用安装＿＿＿＿安装应用程序。

7．卸载应用程序的步骤：在 Windows 10 的"应用和功能"界面找到需要卸载的程序，单击"＿＿＿＿"按钮。

8．安装打印机驱动程序。

## 例题解析

1．下列不是虚拟机工具软件的是（　　）。

　　A．VMware　　B．VirtualBox　　C．Hyper-V　　D．WPS

解析：常见的虚拟机工具软件有 VMware、VirtualBox 和 Windows 操作系统自带的 Hyper-V。故答案为 D。

2．目前网络服务器广泛采用的操作系统是（　　）。

　　A．Android　　B．UNIX　　C．Linux　　D．Windows

解析：服务器操作系统主要有四大系列：Windows Server、NetWare、UNIX 和 Linux。近年来，Linux 系列应用越来越广泛。故答案为 C。

## 基础练习

1. 操作系统是一个管理和控制计算机软件、硬件及信息资源的（　　），是人们操作信息技术设备的（　　），是最重要的（　　）。

    A．专门程序　交互接口　系统软件

    B．交互接口　专门程序　系统软件

    C．系统软件　专门程序　交互接口

    D．专门程序　系统软件　交互接口

2. 在桌面操作系统中，当前的主流版本是（　　）。

    A．iOS　　　B．Linux 系列　　　C．UNIX 系列　　　D．Windows 系列

3. Deepin 属于（　　）系列操作系统。

    A．Windows　　　B．Linux　　　C．UNIX　　　D．DOS

4. 根据支持信息技术设备类型的不同，Windows Server 属于（　　）操作系统。

    A．桌面操作系统　　　　　　B．移动终端设备操作系统

    C．服务器操作系统　　　　　D．以上都不是

5. （　　），又称人机界面，是用户使用计算机等信息技术设备的接口。

    A．命令行界面（CUI）　　　B．图形用户界面（GUI）

    C．用户界面（UI）　　　　　D．以上都不是

6. 触屏操作属于（　　）用户界面的操作指令。

    A．图形　　　B．命令行　　　C．信息　　　D．手控

7. Windows 操作系统中自带的虚拟机软件是（　　）。

    A．Hyper-V　　　　　　　　B．VirtualBox

    C．VMware　　　　　　　　D．以上都不是

## 提高练习

1. 在 Windows 10 操作系统中，将打开的窗口拖动到屏幕顶端，窗口会（　　）。

    A．关闭　　　　　　　　　　B．最大化

    C．最小化　　　　　　　　　D．消失

2. Windows 把整个屏幕看作（　　）。

    A．窗口　　　　　　　　　　B．桌面

    C．工作空间　　　　　　　　D．对话框

3. 要删除计算机的某个应用程序，下列操作不正确的是（　　）。

  A．直接删除该程序文件所在的文件夹

  B．"开始"→"所有程序"→选中应用程序→自卸载程序

  C．"控制面板"→"程序和功能"→选中应用程序，右击→"卸载"

  D．使用第三方软件工具卸载，如 360 安全卫士等

4. 通常所说的"裸机"是指仅有（　　）的计算机。

  A．CPU        B．软件

  C．硬件        D．内存

5. 在 Windows、Linux 等不同类型的操作系统中均可使用的免费开源的虚拟机软件是（　　）。

  A．VMware   B．Java 虚拟机   C．Hyper-V    D．VirtualBox

### 拓展练习

1. 操作题：安装虚拟机工具软件 VirtualBox。

2. 操作题：使用虚拟机工具软件 VirtualBox 安装 Windows 10 的 64 位操作系统。

3. 操作题：卸载虚拟机工具软件 VirtualBox。

## 任务 2　输入文字

### 学习重点

1. 常用中英文输入的方法；

2. 运用中文输入法进行文本和常用符号输入；

3. 使用语音识别、光学识别等工具输入文本。

### 知识梳理

1. 文字及数值的_____是进行信息处理与应用的重要技能。

2. _____、数字和标点符号等可以通过键盘_____输入。

3. _____是计算机等信息技术设备的标准配置。为了提高输入速度，应掌握盲打技巧，即将十个手指进行明确分工，通过键盘上的_____引导，只凭手感实现快速输入。

4. 在 Windows 操作系统中，默认设置按_____可切换中英文输入状态，按_____可在不同输入法之间切换。

5. 使用拼音输入汉字时，只需输入每个字的拼音字母，用空格键结束（当遇到拼音字母"ü"时，对应的按键是____键）；当按词句进行输入时，可以只输入构成词句每个字的拼音首字母，当某些字母音节出现"二义"性时，可以使用隔音符号"____"进行隔音。

6. _____是一种字形编码的输入法，与拼音输入法相比，具有输入码量小、重码率低等特点，熟练掌握后可快速输入汉字。

7. _____是用 9 个虚拟按键替代 26 个英文字母，本质上仍以拼音方式编码，主要用于屏幕较小的智能手机，以减少用户误触按键的操作。

8. _____是指一个英文符号或数字占用两个标准字符位置，使用的存储空间是 2 个字节，与汉字一致；_____是指一个英文符号或数字占用一个标准字符位置，使用的存储空间是 1 字节，按 ASCII 码进行编码。

9. 通常的英文字母、_____、符号都是半角的，所有的_____都是全角字符。

10. _____输入是将人类的语音转换为计算机可处理的输入内容，如文字、数字、符号和词汇、语句等。

11. _____输入，又称为光学字符识别（OCR），是指通过信息技术设备上可进行图像输入的配件，检测输入图像暗、亮的模式确定其形状，然后用字符识别方法将形状翻译成计算机可处理的文字信息的技术。

12. 常见快捷键的作用

| 快捷键 | 作用 | 快捷键 | 作用 |
| --- | --- | --- | --- |
| F1 | _____ | F5 | 刷新 |
| Enter | _____ | PrintScreen | 截图，打印屏幕 |
| Space | _____ | Insert | 插入与改写转换键 |
| Shift | _____ | Alt | 换档键 |
| Ctrl | _____ | Tab | 制表键 |
| CapsLock | 大写锁定键 | NumLock | 数字锁定键 |
| Page Up | 上页 | Page Down | 下页 |
| Delete | 删除键，删除光标右侧的内容 | BackSpace | 退格键，删除光标左侧的内容 |
| Ctrl+C | 复制 | Ctrl+V | 粘贴 |
| Ctrl+Alt+Del | 启动任务管理器 | Ctrl+Shift | 输入法切换 |
| Home | 起始 | End | 结束 |

## 例题解析

键盘一般分为4个区域，其中Shift为换档键，它属于（　　）。

　　A．主键盘区　　B．小键盘区　　C．功能键区　　D．编辑键区

**解析**：键盘可分为5个区：功能键区，主键盘区，光标控制键区，指示灯区和数字小键盘区。故答案为A。

## 基础练习

1．用拼音输入汉字可以只输入构成词句每个字的拼音首字母，当某些字母音节可能出现"二义"性结果时，可以使用隔音符号（　　）进行隔音。

　　A．：　　　　　B．" "　　　　　C．；　　　　　D．'

2．（　　）是用9个虚拟按键替代26个英文字母，本质上仍以拼音方式编码，主要用于屏幕较小的智能手机，减少用户误触按键的操作。

　　A．拼音输入法　　　　　　B．五笔字型输入法

　　C．九宫格输入法　　　　　D．微软拼音输入法

3．全角使用的存储空间是（　　）字节。

　　A．1　　　　B．2　　　　C．3　　　　D．4

4．通常的英文字母、数字键、符号键都是（　　）角的，所有的中文符号都是（　　）角字符。

　　A．半　全　　B．半　半　　C．全　全　　D．全　半

5．（　　）输入是将人类语音中的词汇内容转换为计算机可读的输入内容，如文字、数字、符号和词汇、语句等。

　　A．光学识别输入　　　　　B．语音识别输入

　　C．中文输入　　　　　　　D．英文字符输入

6．（　　）输入，是指通过信息技术设备上可进行图像输入的配件，对输入的图像检测暗、亮的模式确定其形状，然后用字符识别方法将形状翻译成计算机文字的输入过程。

　　A．光学识别　　　　　　　B．语音识别

　　C．中文　　　　　　　　　D．英文字符

7．可将字母A～Z锁定为大写状态的键是（　　）。

　　A．Tab　　　　　　　　　B．Ctrl

　　C．CapsLock　　　　　　D．Shift

## 提高练习

1. 手写输入是（　　）输入。

   A．拼音　　　B．字形　　　C．光学识别　　　D．语音识别

2. （　　）键能临时进行大小写的字符切换。

   A．CapsLock　　B．Ctrl　　　C．Shift　　　D．Alt

## 拓展练习

1. 下列使用键盘的姿势，不正确的是（　　）。

   A．两个食指敲击键盘　　　　B．上臂自然垂直

   C．手指略微弯曲　　　　　　D．腰背挺直

2. 操作题：使用"金山打字通"软件，设置 5 分钟完成一篇文章练习。

# 任务 3　使用操作系统自带程序

## 学习重点

操作系统自带的常用程序的功能和使用方法。

## 知识梳理

1. Windows 10、Deepin 操作系统自带的常用程序。

| 功能类别 | Windows 10 操作系统 | Deepin 操作系统 |
| --- | --- | --- |
| 文件资源管理类 | ＿＿＿＿＿＿＿＿＿＿ | 文件管理器 |
| 网页浏览类 | Edge、IE | FireFox（火狐浏览器） |
| 文本编辑类 | 记事本、＿＿＿＿＿＿ | 文本编辑器 |
| 图形图像工具类 | 画图、画图 3D、截图工具、照片 | 看图、相册、画板、截图 |
| 影音播放类 | 录音机、电影和电视、视频编辑器 | 音乐、影院 |
| 生活服务类 | 闹钟和时钟、日历、天气、地图、计算器 | 日历、计算器 |
| 命令行操作类 | ＿＿＿＿＿＿＿＿＿＿ | 终端 |

2．操作系统自带的程序——截图：按＿＿＿＿＿＿＿＿＿＿键截取屏幕图像，在"画图3D"程序中单击"粘贴"按钮后，可以进一步进行裁剪和文本设置。

3．个性化设置操作系统界面可以通过＿＿＿＿＿、更换桌面背景图案、＿＿＿＿＿＿来进行。

## 例题解析

Deepin操作系统默认的网页浏览器是（　　）。

　　A．FireFox　　　　　　　　B．Edge

　　C．IE　　　　　　　　　　D．华为浏览器

**解析**：Deepin操作系统默认的网页浏览器是FireFox。故答案为A。

## 基础练习

Windows 10操作系统自带的常用程序中，下列不属于影音播放类的是（　　）。

　　A．录音机　　　　　　　　B．电影和电视

　　C．IE　　　　　　　　　　D．视频编辑器

## 提高练习

操作系统一般都自带或默认安装一些基本功能软件，不包括（　　）。

　　A．文件资源管理类　　　　B．数据处理类

　　C．图形图像工具类　　　　D．影音播放类

## 拓展练习

1．操作题：使用操作系统的附件程序给计算机桌面图片添加文字。

2．操作题：在Deepin操作系统下，安装WPS，观察其操作与Windows 10操作系统的区别。

## 1.5 管理信息资源

> **学习要求**
>
> 1. 了解文件和文件夹的概念；
> 2. 掌握运用文件和文件夹等对信息资源进行操作管理的方法；
> 3. 能辨识常见信息资源类型，会检索和调用信息资源；
> 4. 掌握对信息资源进行压缩、加密和备份的方法。

### 任务1 标记与管理信息

**学习重点**

1. 文件和文件夹的概念；
2. 信息资源的类型；
3. 运用文件和文件夹对信息资源进行操作管理。

**知识梳理**

1. 每一个文件都有自己的名字，称为_____。系统通过它对文件进行标记和组织管理。

2. 文件名通常由_____和扩展名两部分构成，可通过文件的_____来区别文件的类型。

3. 文件名的命名规则如下：

（1）文件名最长可以使用_____个字符；

（2）文件名可使用多个"___"间隔符，最后一个间隔符后的字符一般被认定为扩展名；

（3）文件名中不允许使用_____9个英文半角字符，在查询文件时，可使用"*"和_____通配符；

（4）文件名中允许使用大小写字母，Windows 操作系统在管理文件时_____大小写，如"a.txt"和"A.txt"在Windows系统中被认为是_____的文件名。

4. 常见文件的类型与文件扩展名

| 文件类型 | 常见文件扩展名 | 适用的操作系统类型 |
|---|---|---|
| _____ | .txt | 所有类型的操作系统 |
| _____ | .htm　.html | 所有类型的操作系统 |
| 图像文件 | .jpg　.jpeg　.png　.bmp　.tif　.gif | 所有类型的操作系统 |
| _____ | .wav　.mp3　.wma　.au | 所有类型的操作系统 |
| _____ | .avi　.mp4　.mkv　.wmv　.mov　.mpeg | 所有类型的操作系统 |
| _____ | .exe　.com | Windows 操作系统 |
| | .apk | Android 操作系统 |
| | .ipa | iOS 操作系统 |
| | 具有可执行属性，不指定特定扩展名 | Linux、UNIX、Mac OS X 等操作系统 |
| 运行库文件 | .lib | Windows 操作系统 |
| | .so | Linux 操作系统 |
| _____ | .zip　.rar | Windows 操作系统 |
| | .zip　.gz　.bz2　.xz　.z | Linux、UNIX 操作系统 |
| _____ | .iso | 所有类型的操作系统 |

5．文件一般存储在文件夹中，文件夹中还可以再建子文件夹，文件夹的这种多级层次式结构，称为_____。

6．在 Windows 操作系统中，上一级和下一级目录用"____"分隔，而在 Linux 操作系统中，则用"____"分隔。

7．新建文件夹：打开文件资源管理器，进入某个目录中，_____内容窗格空白处，在弹出的快捷菜单中单击"新建"→"文件夹"菜单命令，输入新文件夹的名称，按回车键即可完成文件夹的创建。新建_____：右击→新建→选择文件类型→输入新文件名。

8．选择文件或文件夹，可单击或拖动鼠标进行单选或多选，也可使用_____组合键选择全部文件。按住_____键，单击项目，可以多选或排除已选择的项目；如果要清除所有选择，可_____窗口的空白区域。

9．复制和移动文件或文件夹，是将已选择的文件或文件夹从一个文件夹中（源文件夹）复制和移动到另一个文件夹中（目的文件夹），可以有多种方法。

（1）使用文件资源管理器"主页"选项卡"_____"功能区中相关的菜单命令；

（2）使用鼠标右键快捷菜单命令，"复制＋粘贴"命令进行_____，"剪切＋粘贴"命令进行_____；

（3）使用快捷键，例如，_____组合键为"剪切"命令，_____组合键为"复制"命令，_____组合键为"粘贴"命令；

（4）使用"选择＋拖动"鼠标操作进行移动；选择后按住_____键不放，使用鼠标拖动可进行复制。

10．如果目的文件夹中已存在同名文件，会弹出"_____"对话框，选择相应选项可完成复制或终止复制。如果在目的文件夹中已存在同名的文件夹，复制和移动时会自动将两个同名文件夹内保存的文件进行_____。复制、移动文件或文件夹时，文件或文件夹应处于_____状态。

11．删除文件或文件夹

（1）删除已选择的文件或文件夹：可以按_____（快捷键）完成删除，但是被删除的文件或者文件夹，实际上是被放在"_____"中，如果用户想找回，可以随时进行_____操作；

（2）彻底删除：按住 Shift 键再选择"删除"命令，或者执行"_____"操作，进行以上操作后，将不能还原删除的文件或文件夹。

12．重命名文件或文件夹的方法：右击文件或文件夹，选择"重命名"命令后，输入新的文件名，按_____确认即可；对文件或文件夹进行重命名操作时，需要保证文件或文件夹处于_____状态，否则无法完成操作；当前文件夹如有_____的文件（扩展名也相同）或文件夹，直接重命名也不会成功。

13．在 Windows 操作系统的资源管理器中，常看不到已知类型文件的扩展名，是因为文件的扩展名被_____了。

## 例题解析

1．根据 Windows 10 文件命名规则，下列合法的文件名是（　　）。

A．ABC*.TXT　　　　　　　　B．#ABC%.TXT
C．CON.TXT　　　　　　　　D．ABC/.TXT

解析：文件和文件夹命名规则

| 长度规则 | 文件和文件夹名不能超过 255 个字符（一个汉字相当于 2 个字符） |
|---|---|
| 禁用特殊字符 | 名字中禁用以下 9 种英文字符 ? * / \ \| < > : " |
| 禁用保留设备名称 | con、aux、com1、lpt1、prn 和 nul 等 |

故答案为 B。

2．李老师的教学课件需要一段音频，下列符合要求的文件是（　　）。

A．资料.htm　　B．资料.docx　　C．资料.wav　　D．资料.jpg

解析：选项 A 是网页文件，选项 B 是 Word 文件，选项 C 是音频文件，选项 D 是图像文件。故答案为 C。

3. Deepin 操作系统中上一级和下一级目录用（　　）分隔。

　　A. "\"　　　　　　　　　　　B. "/"

　　C. "—"　　　　　　　　　　　D. "|"

**解析**：文件在多级目录结构中存储的位置被称为目录路径，上一级和下一级目录用"\"（Windows 操作系统）或"/"（Linux 操作系统）分隔。Deepin 操作系统属于 Linux 操作系统。故答案为 B。

## 基础练习

1. Windows 10 支持长文件名，一个文件名的最大长度可达（　　）个字符。

　　A. 8　　　　　　　　　　　　B. 225

　　C. 255　　　　　　　　　　　D. 256

2. 在 Windows 10 操作系统中建立一个文件夹，文件夹的名称不能为（　　）。

　　A. Word　　　　　　　　　　B. Word.10

　　C. Office\Word　　　　　　　D. Office_Word

3. 在查找文件时，可使用的通配符是（　　）。

　　A. "*"和"#"　　　　　　　　B. "*"和"%"

　　C. "?"和"*"　　　　　　　　D. "?"和"#"

4. 在 Windows 系统中，下列不能出现在同一个文件夹的是（　　）。

　　①ABC.BMP　　②ABC.TXT　　③ABC.DOCX　　④abc.bmp

　　A. ①②　　　B. ②③　　　C. ③④　　　D. ①④

5. .exe 是（　　）操作系统的可执行文件。

　　A. Windows　　B. Android　　C. iOS　　　D. Linux

6. .apk 是（　　）操作系统的可执行文件。

　　A. Windows　　B. Android　　C. iOS　　　D. Linux

7. 下列属于网页类型文件的是（　　）。

　　A. 1.txt　　　B. 1.htm　　　C. 1.jpg　　　D. 1.rar

8. 能把信息从剪贴板粘贴出来的快捷键是（　　）。

　　A. Ctrl+A　　B. Ctrl+X　　C. Ctrl+C　　D. Ctrl+V

9. 通常把一个文件拖到回收站，则（　　）。

　　A. 复制该文件到回收站　　　　B. 删除该文件，且不能恢复

　　C. 删除该文件，但可恢复　　　D. 系统提示"执行非法操作"

10．如果用户希望直接删除选定的文件而不是移动到回收站，则需按下（　　）键的同时按下 Del 键。

A．Ctrl　　　　B．Shift　　　　C．Alt　　　　D．Ctrl+Alt

### 提高练习

1．可以使用下列（　　）通配符来搜索名字相似的文件。

A．%　　　　　　　　　　B．$

C．#　　　　　　　　　　D．*

2．在 Windows 10 资源管理器中，选择（　　）查看方式可以显示文件的"大小"和"修改时间"。

A．缩略图　　　　　　　　B．详细信息

C．列表　　　　　　　　　D．平铺

3．Windows 10 的文件夹（　　）。

A．只能包含文件　　　　　B．只能包含文件夹

C．可以包含文件和文件夹　D．必须包含文件和文件夹

4．要选择连续的一组文件，首先选定第一个文件，再按住（　　）键，单击最后一个文件。

A．Tab　　　　　　　　　 B．Shift

C．Ctrl　　　　　　　　　D．Alt

5．选择不连续文件的方法是按住（　　），再依次单击文件。

A．Shift　　　　　　　　　B．Tab

C．Alt　　　　　　　　　　D．Ctrl

6．在 Windows 10 操作系统中，删除一个文件夹后，该文件夹下的（　　）。

A．文件被删除而文件夹保留　B．只读文件被保留而其他文件或文件夹均被删除

C．所有文件和文件夹均被删除　D．文件夹被删除而文件保留

### 拓展练习

1．在 Windows 10 操作系统中，要查找文件名为"game"，文件类型是任意的文件，在搜索对话框的名称文本框中输入最正确的是（　　）。

A．game*　　B．game.*　　C．*game　　D．*.game

2．在 Windows 的资源管理器中，选定一个文件后，在地址栏中显示的是该文件的（　　）。

　　A．创建时间　　　　　　　　B．文件类型

　　C．文件大小　　　　　　　　D．存储位置

3．操作题：按照"3W"方式，先重命名文件和文件夹，再建立一个目录体系，重新整理归类计算机上的文件资料。

## 任务 2　压缩与备份信息

### 学习重点

1．信息资源的压缩、加密和备份；

2．信息资源的检索和调用。

### 知识梳理

1．文件可以借助压缩工具，缩小存储空间，为保护信息安全，可以在压缩的同时对其进行加密，只有_____的用户才能查看相关的信息。

2．_____是将一些重要的文档或整个信息系统的数据进行自动复制，以便在出现故障或不慎删除时能够及时恢复，一般有本机备份和_____两种方式。Windows 10 操作系统中自带的备份功能，是一种_____方式。

3．查找遗忘文件的方法：在"搜索栏"中输入"文档"，选择"_____"选项卡下"搜索"中的"修改日期"来完成按文件名和修改日期进行查找的操作。

4．云备份的方法：使用_____、微云、Seafile 等云存储服务进行网络备份与同步。

### 例题解析

1．常见的压缩工具不包括（　　）。

　　A．WinRAR　　　　　　　　B．7-Zip

　　C．360 压缩　　　　　　　　D．VirtualBox

**解析**：常见的压缩工具有 WinRAR、7-Zip、360 压缩。故答案为 D。

2．陈某有 6 篇文章放在 6 个单独的 Word 文档中，想通过电子邮件发给编辑部，他可采用的最简捷的操作方法是（　　）。

  A．将 6 个文件分别作为邮件的附件，一次发送出去

  B．将 6 个文件放入文件夹，再将该文件夹作为附件，一次发送

  C．将 6 个文件压缩打包为一个文件，作为邮件的附件发送

  D．将 6 个文件分别作为 6 个邮件的附件，分别发送

解析：文件可以借助压缩工具，缩小存储空间，以提高存储器的利用效率以及缩短在网络中传输的时间。故答案为 C。

### 基础练习

1．可用于压缩和加密的软件是（　　）。

  A．WinRAR  B．VirtualBox  C．Office  D．IE

2．文件与文件夹的加密有两种方式，其中一种是（　　）方式，即加密后文件和文件夹仅限于操作系统指定的用户才能访问。

  A．加密  B．压缩工具  C．密码  D．用户授权

3．（　　）是将一些重要的文档或整个信息系统的数据进行自动复制，以便在出现故障或不慎删除文件时能够及时恢复。

  A．复制  B．备份  C．克隆  D．镜像

### 提高练习

1．从 FTP 站点下载的文件，经常是经压缩处理的，此时可使用（　　）软件进行解压缩。

  A．AutoCAD  B．超级解霸  C．NOD32  D．WinRAR

2．小明想要查找一份中职信息技术模拟题，但记不清文件的具体名称，只记得有"模拟"字样，幸运的是，他清楚记得文件是昨天存储在电脑上的，想要快速找到这份文件，下列操作正确的是（　　）。

  A．在"搜索栏"中输入关键字"中职信息技术模拟题"

  B．在"搜索栏"中输入"信息技术"进行搜索，然后选择"搜索工具"选项卡的"搜索"中的"修改日期"为"昨天"进行查找

  C．在"搜索栏"中输入"模拟"进行搜索，然后选择"搜索工具"选项卡的"搜索"中的"修改日期"为"昨天"进行查找

  D．在"搜索栏"中输入"中职"进行搜索，然后选择"搜索工具"选项卡的"搜索"中的"修改日期"为"昨天"进行查找

**拓展练习**

1. 操作题：使用 Windows 10 操作系统中自带的备份功能备份一个文件夹。
2. 操作题：将"图片素材"文件夹进行压缩并加密，密码设置为"1314"。

## 1.6 维护信息系统

**学习要求**

1. 了解用户管理及权限设置的方法；
2. 了解操作系统的更新和修复的方法；
3. 了解使用常用工具进行系统测试与维护的方法；
4. 会运用"帮助"工具。

**知识梳理**

1. 在安装或首次使用操作系统时，一般都要求设置一个_____，并要求输入用户密码，以保证经过授权的用户才能使用系统。

2. 用户的类型包括管理员、普通用户（标准用户）和_____等。其中：

（1）_____：拥有最高级别的权限，使用管理员账户登录系统有权更改其他用户的权限，可进行任意的操作并查看所有的信息，系统中至少要有____个管理员用户；

（2）_____：适用于日常信息处理，未经授权，不能进行系统的更改（如安装应用程序等），也不能查看其他用户的信息。

3. 操作系统是一个庞大的软件系统，在设计过程中可能会出现漏洞或功能不完善的情况，需要_____，以保证系统的稳定性和安全性。

4. 用于系统维护和测试的工具软件，如 Windows 系统下的"电脑管家""_____""鲁大师"等，Linux 操作系统下的"Stacer"等，Android 操作系统下的"手机管家""手机卫士"等，以及专用于 CPU 测试的_____和_____的 GPU-Z 等。

5. 修复操作系统的方法：可使用操作系统_____的工具进行修复，也可使用专用的 U 盘或光盘_____进行修复，还可以通过_____操作系统进行修复。

6. 在 Windows 10 具体操作和使用过程中，可借助系统或软件的"_____"功能，或通过_____查找问题来解决疑难。

## 例题解析

1. 下列（　　）不是 Windows 10 操作系统中的用户账户类型。
   A．管理员　　　　　　　B．来宾用户
   C．办公用户　　　　　　D．标准用户

解析：用户的类型包括管理员、普通用户（标准用户）和来宾用户等。故答案为 C。

2. 用于系统维护和测试的工具软件有（　　）。
   A．手机管家　　B．Stacer　　C．鲁大师　　D．以上都是

解析：用于系统维护和测试的工具软件，如 Windows 系统下的"电脑管家""360 安全卫士""鲁大师"等；Linux 操作系统下的"Stacer"等；Android 操作系统下的"手机管家""手机卫士"等，以及专用于 CPU 测试的 CPU-Z 和显卡测试的 GPU-Z 等。故答案为 D。

## 基础练习

1. 在安装或首次使用操作系统时，一般都要求设置一个（　　），并要求输入用户密码，以保证经过授权的用户才能使用系统。
   A．用户名　　B．姓名　　C．账号　　D．以上都是

2. 在 Windows 10 操作系统中，用户的类型包括管理员、普通用户和（　　）。
   A．标准用户　　B．来宾用户　　C．超级用户　　D．其他用户

3. （　　）拥有最高级别的权限，有权更改其他用户的权限，可进行任意的操作并查看所有的信息。
   A．管理员　　B．普通用户　　C．来宾用户　　D．其他用户

4. 操作系统可能会出现漏洞或功能不完善的情况，需要（　　），以保证系统的稳定性和安全性。
   A．备份　　B．克隆　　C．定期更新　　D．复制

5. 在 Windows 10 具体操作和使用过程中，可以使用（　　）解决遇到的各种疑难问题。
   A．帮助　　B．引用　　C．查找　　D．审阅

## 提高练习

1. Deepin 操作系统中，（　　）用户名一定是管理员用户。
   A．wjdledu　　　　　　　B．Administrator
   C．Guest　　　　　　　　D．root

2．在 Windows 10 操作系统的"用户账户"管理中，下列操作无法实现的是（　　）。

　　A．更名管理员账户　　　　　　B．关闭 GUEST 账户

　　C．删除默认管理员账户　　　　D．修改 GUEST 账户图像图标

3．切换用户是指（　　）。

　　A．关闭当前登录的用户，重新登录一个新用户

　　B．重新启动电脑用另一个用户登录

　　C．注销当前的用户

　　D．在不关闭当前登录用户的情况下切换到另一个用户

## 拓展练习

1．操作题：为计算机设置一个用户名和密码均为"123"的来宾用户。

2．操作题：Windows 10 操作系统用"电脑管家"进行系统测试与维护；Android 智能手机使用"手机管家"进行系统测试与维护；Linux 操作系统使用"Stacer"进行系统测试与维护。

3．操作题：在 Windows 10 操作系统中使用"帮助"功能完成"添加打印机"操作。

## 单元测试

**单项选择题（共 25 题，每题 4 分，共 100 分）**

1．目前微型计算机所采用的电子元器件是（　　）。

　　A．电子管　　　　　　　　　　B．晶体管

　　C．中小规模集成电路　　　　　D．大规模、超大规模集成电路

2．"计算机辅助教学"的英文缩写为（　　）。

　　A．CAD　　　　　　　　　　　B．CAM

　　C．CAI　　　　　　　　　　　D．CAT

3．2017 年，瑞士科研人员借助 3D 打印技术，制造出了全球首个形状、大小以及功能都与真人心脏高度相似的柔性心脏。这体现了计算机技术在（　　）方面的应用。

　　A．科学计算　　　　　　　　　B．数据处理

　　C．过程控制　　　　　　　　　D．计算机辅助系统

4. "最多跑一次"体现了信息社会的哪个特征？（　　）

  A．信息经济       B．网络社会

  C．数字生活       D．在线政务

5. 下列行为属于侵犯知识产权的是（　　）。

  A．把购买的正版 Windows 10 操作系统光盘制作为镜像文件发布到某论坛

  B．把网站上的一篇转载文章复制下来，作为邮件发送给自己的朋友分享

  C．下载了网络上的一个具有试用期限的软件进行了测试，并在网上发表测试心得

  D．把自己从音像店购买的周杰伦《千里之外》原版 CD 唱片借给同桌同学听了一天

6. 冯•诺依曼理论体系下的计算机五大逻辑部件是（　　）。

  A．运算器、控制器、存储器、输入设备、输出设备

  B．运算器、控制器、内存、输入设备、输出设备

  C．CPU、存储器、输入设备、输出设备、网络设备

  D．CPU、控制器、存储器、输入设备、输出设备

7. 下列计算机设备，既具备输入功能又具备输出功能的是（　　）。

  A．键盘       B．鼠标

  C．触摸屏       D．磁盘驱动器

8. 信息处理的六个基本环节除采集、传输、加工，还有（　　）。

  A．存储、输入、输出     B．存储、输入、打印

  C．存储、运算、输出     D．输入、运算、输出

9. 陈老师正在用计算机打一则通知，这时突然断电了，则计算机中（　　）全部丢失，再次通电后也不能完全恢复。

  A．CD-ROM 中的数据     B．ROM 中的数据

  C．RAM 中的数据      D．硬盘中的数据

10. 计算机中二进制表示的数 1010，用十进制表示为（　　）。

  A．1010       B．10

  C．8        D．5

11. 在信息系统中，用（　　）代码的形式来表示信息。

  A．二进制       B．八进制

  C．十进制       D．十六进制

12. 二维码属于（　　）码。

  A．数值       B．ASCII

  C．图形       D．Unicode

13. 某计算机部件性能指标为"Intel Core i5 8400 2.8GHz DDR4 16G 1TB",以上性能参数中,属于内存容量的是（　　）。

  A．16 G         B．1 TB

  C．Intel Core i5      D．2.8 GHz

14. 显示器、投影仪、数字电视等显示设备与计算机连接,不可以使用（　　）等类型接口进行连接。

  A．DVI         B．HDMI

  C．USB         D．VGA

15. 设置多显示器时,可以使用（　　）组合键,打开"投影"设置界面,选择"复制"模式。

  A．Win+P        B．Win+D

  C．Win+E        D．Win+R

16. 使用拼音输入汉字时,拼音字母"ü"对应的按键是（　　）键。

  A．V         B．U

  C．W         D．L

17. 在 Windows 10 操作系统中,默认状态下中英文切换的组合键是（　　）。

  A．Alt+Shift       B．Shift+空格键

  C．Ctrl+Alt        D．Ctrl+空格键

18. 当按下（　　）键后再输入字符,光标后的字符会被消去,即被当前输入字符替换掉,再次按下后则会还原到默认插入状态。

  A．Insert        B．NumLock

  C．CapsLock       D．Shift

19. 根据 Windows 10 文件命名规则,下列合法的文件名是（　　）。

  A．ABC*.TXT       B．#ABC%.TXT

  C．CON.TXT       D．ABC/.TXT

20. 李老师的教学课件需要一段音频,下列符合要求的文件是（　　）。

  A．资料.htm       B．资料.docx

  C．资料.wav       D．资料.jpg

21. 在 Windows 10 操作系统中,资源管理器左侧窗格文件夹的组织关系是（　　）。

  A．树形         B．图形

  C．网状         D．线性

22. 在"我的电脑"或"资源管理器"窗口的右区中，选取任意多个文件的方法是（ ）。

   A．选取第一个文件后，按住 Alt 键，再单击第二个、第三个……

   B．选取第一个文件后，按住 Shift 键，再单击第二个、第三个……

   C．选取第一个文件后，按住 Ctrl 键，再单击第二个、第三个……

   D．选取第一个文件后，按住 Tab 键，再单击第二个、第三个……

23. 陈某有 6 篇文章放在 6 个单独的 Word 文档中，想通过电子邮件发给编辑部，他可采用的最简捷的操作方法是（ ）。

   A．将 6 个文件分别作为邮件的附件，一次发送出去

   B．将 6 个文件放入文件夹，再将该文件夹作为附件，一次发送

   C．将 6 个文件压缩打包为一个文件，作为邮件的附件发送

   D．将 6 个文件分别作为 6 个邮件的附件，分别发送

24. 在操作系统中至少要有一个（ ）用户。

   A．管理员　　　　　　B．普通

   C．来宾　　　　　　　D．其他

25. 在 Windows 10 的应用程序操作过程中，按（ ）键可随时获得联机帮助。

   A．F1　　　　　　　　B．F2

   C．F3　　　　　　　　D．F4

# 第 2 单元

# 神奇的 e 空间——网络应用

◎ 单元要求

本单元旨在了解网络技术的发展，综合掌握在生产、生活和学习情境中网络的应用技巧；理解并遵守网络行为规范，树立正确的网络行为意识；能合法使用网络信息资源，会有效地保护个人及他人信息隐私；会综合运用网络数字资源和工具辅助学习。

## 2.1 走进网络社会

**学习要求**

1. 了解网络技术的发展与网络体系结构；
2. 能描述互联网对组织和个人的行为及其相互关系的影响；
3. 了解与互联网相关的社会文化特征；
4. 理解 TCP/IP 协议、IP 地址的相关知识；
5. 掌握网络的基本设置方法；
6. 了解万维网、电子邮件、域名解析等互联网服务的工作原理。

### 任务1 感知互联网社会

**学习重点**

1. 网络的概念及发展；
2. 互联网社会带来的转变。

## 第 2 单元 神奇的 e 空间——网络应用

### 知识梳理

1. 常说的网络是指_____，由一系列可用于通信的设备相互连接构成。

2. 网络的发展经过了面向终端的_____、面向_____的网络阶段、网络互联阶段和高速网络阶段四个阶段，其中局域网（LAN）属于_____阶段，实现计算机之间的通信；广域网（WAN）属于_____阶段，实现开放系统互连。

3. _____（Internet）是最典型的基于_____协议的互联网络，又称_____，它是由成千上万个互联的网络组成的全球性网络。

4. Internet 前身是美国国防部高级研究计划局（ARPA）主持研制的_____，最初 ARPAnet 主要用于_____。

5. "_____"理念描绘了从现实世界向虚拟的网络世界迁徙以及两个世界融合发展的场景。

6. 互联网已经成为当代社会最重要的生产工具之一，促进了_____、商业模式、工作模式、_____的转变。

7. "_____"指在现实生活中遇事置身事外，却在网上义愤填膺，自诩道德优越，发表言辞偏激的个人评论的一些人。

### 例题解析

1. Internet 采用的协议类型为（　　）。
   A．TCP/IP　　　　　　　　B．IEEE802.2
   C．X.25　　　　　　　　　D．IPX/SPX

**解析**：Internet 基于 TCP/IP 协议。不同的计算机之间必须使用相同的网络协议才能进行通信。故答案为 A。

2. 学校的网络属于（　　）。
   A．局域网　　B．城域网　　C．广域网　　D．互联网

**解析**：学校属于某一区域。故答案为 A。

### 基础练习

1. 常说的网络是指（　　），由一系列可用于通信的设备相互连接构成。
   A．国际互联网　　　　　　B．计算机网络
   C．中国教育网　　　　　　D．中国金桥网

2. 网络的发展不包括（　　）阶段。

  A．面向终端的联机阶段    B．面向多主机的网络阶段

  C．网络互联阶段    D．终端互联阶段

3. Internet 的意译是（　　）。

  A．互联网    B．中国电信网

  C．中国科教网    D．中国金桥网

4. Internet 使用的通信协议是（　　）。

  A．TCP/IP 协议    B．SMTP 协议

  C．HTTP 协议    D．FTP 协议

5. Internet 的前身是（　　）。

  A．ARPAnet    B．令牌环网

  C．LAN    D．Intranet

6. 互联网起源于（　　）。

  A．中国    B．英国    C．美国    D．德国

7. 互联网已经成为当代社会最重要的生产工具之一，其促进了（　　）的变革。

  A．社交方式    B．商业模式

  C．工作模式    D．以上都是

### 提高练习

Internet 的主要作用是（　　）。

  A．收发 E-mail    B．网上聊天及网络游戏

  C．发布新闻、广告    D．资源共享及信息传递

### 拓展练习

1. 李老师在计算机房进行网络教学时，并没有将机房的网络完全开放，你认为其主要原因是（　　）。

  A．因为教学内容已完全提供，不需要到网络上搜索资料

  B．计算机课堂没有实现完全信息化教学

  C．害怕电脑感染病毒

  D．因为许多学生不擅长玩游戏、聊 QQ

2．讨论题：你如何看待网络暴力？你是不是一名键盘侠？

## 任务 2　了解网络协议

### 学习重点

1．网络的拓扑结构；
2．网络传输协议的相关知识；
3．IP 地址的相关知识。

### 知识梳理

1．网络的基本拓扑结构可以归结为_____、_____和环状三类。

2．_____是网络主机和设备之间进行数据通信的技术规范，保证不同的网络主机和设备实现互联互通。

3．OSI 和 TCP/IP 协议的参考模型：

| 开放系统互连（OSI）的七层模型 |
| --- |
| 应用层 |
| 表示层 |
| 会话层 |
| 传输层 |
| 网络层 |
| 数据链路层 |
| 物理层 |

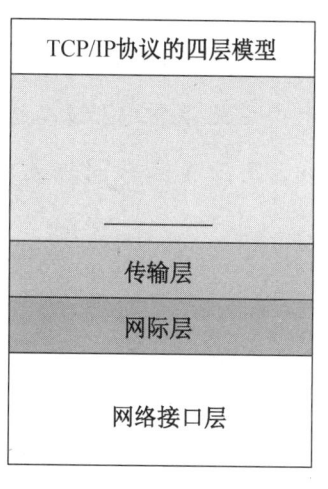

| TCP/IP协议的四层模型 |
| --- |
| _____ |
| 传输层 |
| 网际层 |
| 网络接口层 |

4．与互联网发展密切相关，在互联网上最广泛使用的网络传输协议是_____。

5．接入网络的主机都必须有一个_____，用于代表自己在网络中的_____。

6．目前普遍使用的 IP 协议是_____。在 IPv4 中，所有接入互联网的主机和路由设备均使用_____位二进制数，并用_____记法表示，该记法把 32 位二进制数分解为 4 个 8 位的部分，每个部分写成 0~255 之间的十进制数，用_____来间隔表示，如 IPv4 写成 10.27.172.23，便于人们识记和使用。

7. 为了应对 IP 地址紧张的情况，采用＿＿＿＿＿＿＿，该协议的 IP 地址采用＿＿＿＿位二进制数，有足够的地址空间来分配给每一个接入网络的主机或设备，使得所有主机或设备之间可以实现直接双向通信。

## 例题解析

1. 国际标准化组织（ISO）提出的"开放系统互连模型"是计算机网络通信的基本模型，共分为七层，下列不属于其模型的是（　　）。

　　A．应用层　　　　　　　　B．表示层
　　C．网络接口层　　　　　　D．传输层

解析：国际标准化组织提出的开放系统互连（OSI）的七层参考模型，自上而下包括应用层、表示层、会话层、传输层、网络层、数据链路层、物理层。故答案为 C。

2. 下列关于 IP 地址的描述，正确的是（　　）。

　　A．点分十进制描述的 IP 地址中，不可能出现大于 255 的数字
　　B．不同局域网内部的 IP 地址也必须唯一
　　C．IPv4 的地址有数量限制，IPv6 的地址无数量限制
　　D．计算机上网需要配置 IP 地址，手机等移动终端上网不需要

解析：在 IPv4 中，所有接入互联网的主机和路由设备均使用 32 位二进制数，并用点分十进制记法表示，该记法把 32 位二进制地址分解为 4 个 8 位的部分，每个部分写成 0～255 之间的十进制数，用三个点来间隔表示，如 IPv4 写成 10.27.172.23 形式，便于人们识记和使用。故答案为 A。

## 基础练习

1. 下列不属于网络基本拓扑结构的是（　　）。

　　A．树型网络　　　　　　　B．星状网络
　　C．环状网络　　　　　　　D．总线型网络

2. 对于所有入网设备共用一条传输线路的网络，其网络类型是（　　）拓扑结构。

　　A．总线型　　B．星状　　　C．环状　　　D．网状

3. （　　）是网络主机和设备之间进行数据通信的技术规范，保证不同的网络主机和设备实现互联互通。

　　A．规则　　　B．约定　　　C．标准　　　D．网络传输协议

4. OSI 七层参考模型的应用层、表示层和会话层对应着 TCP/IP 协议模型的（　　）。

　　A．应用层　　　　　　　　B．表示层

　　C．会话层　　　　　　　　D．传输层

5. 下列不属于 TCP/IP 协议模型的是（　　）。

　　A．应用层　　　　　　　　B．表示层

　　C．网络接口层　　　　　　D．传输层

6. 为了能在互联网上进行正确的通信，每个网站和每台主机都分配了唯一的地址，该地址由纯数字组成并用"."分隔，称为（　　）。

　　A．TCP 地址　　　　　　　B．FTP 地址

　　C．IP 地址　　　　　　　　D．WWW 地址

### 提高练习

1. 根据网络拓扑结构，将每个节点连接到中心节点的网络属于（　　）。

　　A．总线型网络　　　　　　B．星状网络

　　C．环状网络　　　　　　　D．网状网络

2. 下列关于 IP 地址的说法，正确的是（　　）。

　　A．一台电脑只能同时拥有一个 IP 地址

　　B．互联网上的两台电脑可以使用同一个 IP 地址

　　C．除了域名，我们还可以直接使用 IP 地址访问网站

　　D．211.68.39.260，这是一个合法的 IP 地址

### 拓展练习

1. TCP/IP 配置参数的操作主要包括三个方面：（　　）、网关和 DNS 服务器地址。

　　A．指定本地机的 IP 地址及子网掩码

　　B．指定本地机的主机名

　　C．指定代理服务器

　　D．指定服务器的 IP 地址

2. 操作题：请你找找家用个人计算机、机房计算机、平板电脑、笔记本电脑或手机等相关网络设备的 IP 地址，并观察本机端口的使用情况。

## 任务3 体验网络服务

### 学习重点

1. 域名系统及域名解析；
2. 万维网、电子邮件、ISP 和 ICP 服务；
3. 网页源代码及 HTML 文档。

### 知识梳理

1. 提供网络服务的计算机设备称为_____，通过网络向服务器提出服务请求的计算机称为_____。

2. IP 地址缺少直观性，不便于记忆和使用，所以产生了_____（Domain Name System，DNS）。利用 DNS，人们可以用由字符组合而成的域名来_____相应的 IP 地址，更形象也更容易记忆。

3. 一个主机节点的域名由从该节点到根的所有节点的标记连接组成，中间以____分隔。

4. 域名示例

| 域名 | 四级域名 | _____ | 二级域名 | 一（顶）级域名 |
|---|---|---|---|---|
| www.moe.gov.cn | www | .moe | .gov | .cn |
| www.baidu.com |  | www | .baidu | .com |

最上层节点的域名称为_____，采用_____顶级域名（如.cn，.us）或类别顶级域名（如.com，.edu）。

5. 为了解决信息资源的_____问题，万维网的开发者制订了一套标准的、易为人们掌握的_____（简称 HTML）、信息资源的统一资源定位器（简称_____）和_____（简称 HTTP），采用_____工作模式，成功实现了互联网上信息资源的共享、传输、访问。

6. SMTP 服务器指遵循 SMTP 协议的发送邮件服务器，用来_____用户发出的电子邮件；POP3 服务器指遵循 POP3 协议的_____邮件服务器，用来接收电子邮件；IMAP4 协议与 POP3 协议一样，也是规定访问网上的邮件服务器进行_____的协议，用户可以

48

通过客户端_____对服务器上的邮件进行操作、维护自己的邮箱，所以比 POP3 协议更高级、功能更强。

7. _____是指互联网服务提供商，主要有中国电信、中国移动、中国联通等；ICP 是指_____。

8. 网页超文本的结构为

&lt;html&gt;

&lt;head&gt;

&lt;title&gt;　　　&lt;/title&gt;

&lt;/head&gt;

&lt;body&gt;

&lt;p&gt;　　　&lt;/p&gt;

&lt;/body&gt;

&lt;/html&gt;

9. 目前互联网上的域名体系中共有三类顶级域名：

| 顶级域名 | 地理顶级域名 | .cn（　　）、.jp（日本）、.uk（英国）、.us（美国）等 |
| --- | --- | --- |
| | 类别顶级域名 | .com（　　）、.net（网络机构）、.org（组织机构）、.edu（　　）等 |
| | 新顶级域名（个性化域名） | .aero（航空业）、.info（　　）、.biz（商业）、.name（个人）等 |

10. 域名中往往包含拥有者的信息，可以说是拥有者的"_____"。

## 例题解析

1. WWW 的中文名称为（　　）。

　　A．以太网　　B．万维网　　C．因特网　　D．局域网

解析：WWW 称 World Wide Web，中文名称为万维网。Internet 泛指互联网，特指因特网。故答案为 B。

2. 下列属于政府网站的是（　　）。

　　A．www.easychina.edu　　B．www.easychina.com

　　C．www.easychina.mil　　D．www.easychina.gov

解析：类别顶级域名包括 .edu（教育机构）、.com（公司）、.mil（军事机构）、.gov（政府机构）等。故答案为 D。

## 基础练习

1. 提供网络服务的计算机设备称为（　　）。
   A．服务器　　　　　　　B．客户机
   C．主机　　　　　　　　D．交换机

2. 域名解析系统的英文名为（　　）。
   A．DNS　　B．FTP　　C．HTTP　　D．POP3

3. 网址"www.cnnb.com.cn"中的"cn"表示（　　）。
   A．英国　　B．美国　　C．日本　　D．中国

4. 下列最有可能是学校网站的是（　　）。
   A．www.pku.edu.cn　　　　B．www.163.com
   C．www.whitehouse.gov　　D．www.microsoft.com

5. 超文本标记语言简称为（　　）。
   A．HTML　　B．URL　　C．HTTP　　D．FTP

6. HTTP 的中文意思是（　　）。
   A．布尔逻辑搜索　　　　B．电子公告牌
   C．文件传输协议　　　　D．超文本传输协议

7. ISP 指的是（　　）。
   A．互联网的专线接入方式　　B．互联网服务提供商
   C．拨号上网方式　　　　　　D．互联网内容供应商

8. 下列是 Internet 网络服务商的是（　　）。
   A．新浪　　B．中国联通　　C．微软　　D．联想

9. 操作题：在"记事本"软件中新建一个"测试网页.html"，输入如下代码，并查看网页的页面效果。

```
<html>
<head>
<title>测试网页</title>
</head>
<body>
<p>欢迎来到测试网页！</p>
</body>
</html>
```

## 提高练习

1. 下列关于域名的说法，错误的是（　　）。

   A．一个网站只能有一个域名

   B．一个域名只能指向一个网站

   C．域名必须到特定的机构进行注册申请后才能使用

   D．互联网上的域名不能重复

2. 从域名www.fudan.edu.cn可以看出，它是中国的一个（　　）网站。

   A．政府部门　　　　　　　　B．教育部门

   C．商业部门　　　　　　　　D．军事部门

3. 计算机网络最突出的优点是（　　）。

   A．共享硬件、软件和数据资源

   B．运算速度快

   C．可以互相通信

   D．内存容量大

4. 下列关于电子邮箱的说法，错误的是（　　）。

   A．一封电子邮件可以同时发送给多人

   B．不要随意打开垃圾邮件，防止中毒

   C．SMTP服务器主要负责邮件的接收

   D．当收件人不在线时，电子邮件会存放在收件人的邮箱中

5. FTP是（　　）。

   A．文件传输协议　　　　　　B．电子邮件协议

   C．即时通信协议　　　　　　D．新闻讨论组协议

## 拓展练习

1. 学了Movie Maker后，彭宏同学创建了一个好的作品，压缩以后有30 MB左右，目前该作品放在机房的教师机上，老师应该采用下列（　　）方法，才能够最快捷地将该作品传输到学生机上。

   A．使用U盘逐台复制到学生机上

   B．建一个FTP站点并将文件放入站点中，由同学们下载

   C．使用电子邮件，将该文件作为附件发送给每个学生

   D．将文件刻录成光盘，分发给每个学生

2. 编程题：在"记事本"软件中编写代码，新建"我的网页.html"，显示效果如下图所示。

## 2.2 配置网络

**学习要求**

1. 了解常见网络设备的类型和功能；
2. 会进行网络的连接和基本设置；
3. 能判断和排除简单的网络故障。

### 任务1 认识网络设备

**学习重点**

常见网络设备的类型和功能。

**知识梳理**

1. _____（Switch）是_____中重要的组网设备，通过交换机可以把局域网中的计算机连接起来，形成星状拓扑结构的网络，设备间通过 RJ-45 接口和双绞线连接。

2. _____（Router）是互联网的主要节点设备，具有_____的功能，通过路由器可以把不同的网络连接在一起，使得接入互联网的计算机之间无论距离多远都能够实现相互通信；路由器分有线路由器和_____路由器，其中有线路由器的外观和交换机类似，但可以通过_____来区分，路由器至少有一个_____口，其余为 LAN 口，交换机全都是_____口；路

由器根据_____来选择一条最佳的数据传输路径，提高通信质量。

3. _____是用来允许计算机在网络中进行通信的计算机硬件。每块网卡都拥有唯一的_____。按照网卡支持的网络不同，网卡分为有线网卡和_____，有线网卡通过_____与网络连接。

4. _____是设立在网络边界上的网络通信监控系统，形成一个安全网关。

5. _____（Modem）是调制器与解调器的简称，根据谐音又称"____"。它的作用是实现_____信号和_____信号的转换。把数字信号转换成模拟信号的过程称为_____，把模拟信号转换成数字信号的过程称为_____。

6. 利用光纤上网需要用到_____，实现_____和数字信号的转换。

## 例题解析

1. 下列关于路由器和交换机的说法，错误的是（    ）。

    A．路由器具有网关功能

    B．路由器分有线路由器和无线路由器

    C．交换机既有 LAN 口，又有 WAN 口

    D．路由器至少有一个 WAN 口

解析：路由器至少有一个 WAN 口，其余为 LAN 口；交换机全都是 LAN 口。故答案为 C。

2. 家庭宽带上网中，ADSL Modem 是不可或缺的设备之一，其主要作用是（    ）。

    A．发送数字信号　　　　　　B．实现数字信号与模拟信号之间的相互转换

    C．接收数字信号　　　　　　D．进行电信号匹配

解析：调制解调器（Modem）是调制器与解调器的简称，其作用是实现模拟信号和数字信号的相互转换。故答案为 B。

## 基础练习

1. 通过交换机可以把局域网中的计算机连接起来，形成（    ）拓扑结构的网络，设备间通过 RJ-45 接口和双绞线连接。

    A．星状　　　　　　　　　　B．总线型

    C．环状　　　　　　　　　　D．网状

2. （    ）是网络与网络连接的桥梁，是互联网中最重要的设备。

    A．交换机　　B．路由器　　C．服务器　　D．网卡

3. 有线路由器与交换机外观类似，主要区别是有线路由器有（    ）。

   A．E口　　　　　　　　　　B．G口

   C．LAN口　　　　　　　　　D．WAN口

4. 每块（    ）都拥有唯一的物理地址（MAC地址）。

   A．交换机　　　　　　　　　B．路由器

   C．网卡　　　　　　　　　　D．防火墙

5. （    ）通过在网络边界上建立相应的网络通信监控系统，形成一个安全网关。

   A．防火墙　　B．交换机　　C．路由器　　D．网卡

6. 在网络连接设备中，人们口中的"猫"指的是（    ）。

   A．交换机　　B．路由器　　C．网卡　　　D．调制解调器

7. 调制解调器的作用是对信号进行调制和解调，调制是（    ）的过程。

   A．模拟信号转换成数字信号　　B．数字信号转换成模拟信号

   C．模拟信号转换成模拟信号　　D．数字信号转换成数字信号

8. 光纤上网需要光调制解调器，来实现（    ）和数字信号的转换。

   A．模拟信号　　　　　　　　B．光纤信号

   C．光信号　　　　　　　　　D．宽带信号

## 提高练习

1. 下列不属于计算机网络硬件的是（    ）。

   A．IPX/SPX　　　　　　　　B．网卡

   C．网络服务器　　　　　　　D．网桥

2. 利用调制解调器将模拟信号转换成数字信号，这个过程称为（    ）。

   A．调制　　　B．解调　　　C．转化　　　D．模化

3. 操作题：观察学校计算机教室的网络，并查看有无安装调制解调器和防火墙。

## 拓展练习

1. 李明的家里已经开通了ADSL上网功能，笔记本电脑、手机都想利用这个网络上网，还需购买（    ）。

   A．ADSL Modem　　　　　　B．无线路由器

   C．交换机　　　　　　　　　D．无线网卡

2．操作题：观察学校计算机教室网络的路由器型号和接口数，并上网查询此路由器的接口速率。

## 任务2　连接网络

### 学习重点

1．网络的接入方式；
2．网络的配置；
3．典型家庭的上网连接方式。

### 知识梳理

1．终端设备通过_____或有线方式与网络设备进行连接后，通常需要经过_____的配置才能接入网络。

2．根据如下图所示网络接入方式，填写下表。

| 局域网编号 | 应用场景 | 核心设备 | 设备接入方式 |
| --- | --- | --- | --- |
| 局域网1 | | | 有线、无线 |
| 局域网2 | | | |
| 局域网3 | | | 有线、无线 |

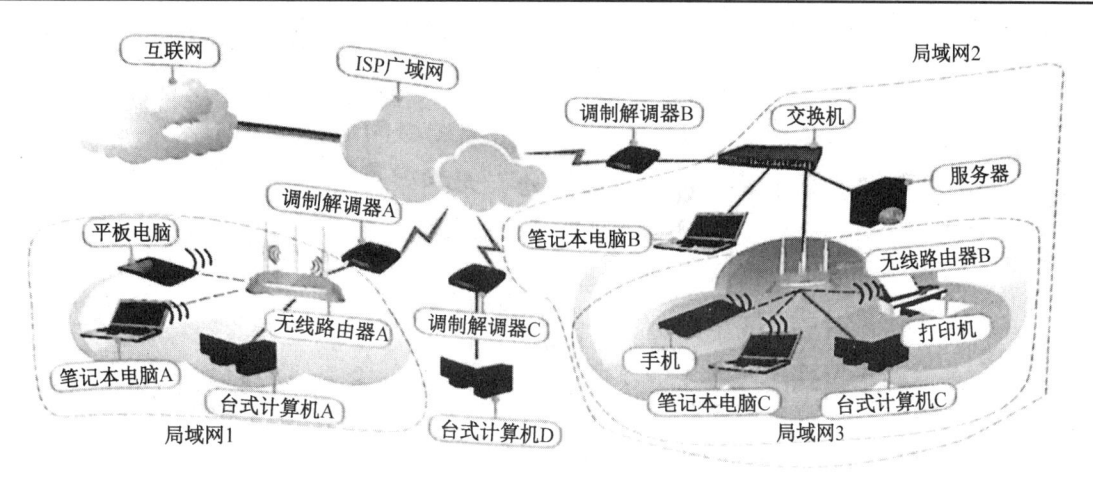

3．网络配置的主要任务是设置_____、_____和 DNS 等参数，这些参数通常由上级网络提供。

4. 终端设备的 IP 地址通常可以通过动态或静态两种方式获取。

（1）当接入的网络支持 DHCP（动态主机配置协议）时可以采用_____获取方式，此时把设备的 IP 地址获取方式设置为"_____"即可获得上级网络分配的临时 IP 地址，通常手机、平板电脑、笔记本电脑等默认为此设置；

（2）使用_____方式获取终端设备的 IP 地址时，设备的 IP 地址由上级网络的管理员_____，静态 IP 地址目前主要用在网络节点设备、服务器，以及网吧、机房等局域网中。

5. _____是家庭网络和小型办公网络中的必备设备，不同型号产品的基本功能相同，均提供 WAN 设置、LAN 设置、DHCP 设置和无线设置等功能；其中_____设置指定接入上级网络的接入方式，_____设置指定内部网络的 IP 地址分配方式，DHCP 设置主要设置启用或分配_____的分配策略，_____设置指定无线网络的名称、连接密码、加密方式。

6. 家庭上网常用的连接方式有：

（1）_____，需要使用光调制解调器；

（2）_____，此时上网不再需要调制解调器，为了提高安全性，小区宽带接入网络后，通常需要通过 PPPoE 拨号接入才能上网。

（3）_____，它与光纤入户的接入方式类似，把光调制解调器换成 ADSL 调制解调器即可。

# 例题解析

1. 下列关于终端设备配置的说法，错误的是（    ）。

    A．终端设备的 IP 地址可以通过动态或静态两种方式获取

    B．网络采用动态获取方式，需要把设备的 IP 地址设置为"自动获取"

    C．使用静态获取方式需要人工分配 IP 地址

    D．静态 IP 地址适合于广域网

解析：静态 IP 地址适合于局域网。故答案为 D。

2. （    ）指定无线网络的名称、连接密码、加密方式。

    A．无线设置          B．LAN 设置

    C．DHCP 设置        D．WAN 设置

解析：无线设置指定无线网络的名称、连接密码、加密方式；LAN 设置指定内部网络的 IP 地址分配方式；DHCP 设置主要设置启用或分配动态 IP 地址的分配策略；WAN 设置指定接入上级网络的接入方式。故答案为 A。

### 基础练习

1. 终端设备可以通过有线和无线两种方式接入网络。此说法（　　）。
   A．正确　　　　　　　　B．错误

2. 如前面网络接入方式图所示，家庭网络通常采用（　　）构建。
   A．局域网1　　　　　　B．局域网2
   C．局域网3　　　　　　D．局域网1或局域网2

3. 如前面网络接入方式图所示，局域网2通常应用（　　）。
   A．家庭网络　　　　　　B．小型单位网络
   C．办公室网络　　　　　D．广域网

4. 目前常用的宽带上网方式有（　　）。
   A．ADSL拨号接入　　　B．LAN接入
   C．光纤入户接入　　　　D．以上都是

### 提高练习

1. 下列接入互联网的方式，速度最快的是（　　）。
   A．ADSL　　　　　　　B．LAN
   C．光纤　　　　　　　　D．无线

2. 操作题：小明家中原有一台计算机，装有宽带，现在他又添置了一台计算机，也想使其能正常上网，请你帮他设计一个方案，并尝试无线网络配置步骤。

### 拓展练习

1. 下列不是ADSL接入必需的硬件设备是（　　）。
   A．分离器　　　　　　　B．ADSL MODEM
   C．无线网卡　　　　　　D．电话线

2. 操作题：根据实际情况，为拓展自己原有的家庭网络，设计一个更新规划方案。

## 任务3 排除网络故障

### 学习重点

判断和排除简单网络故障。

### 知识梳理

1. 排除常见网络故障的处理思路如下图所示。

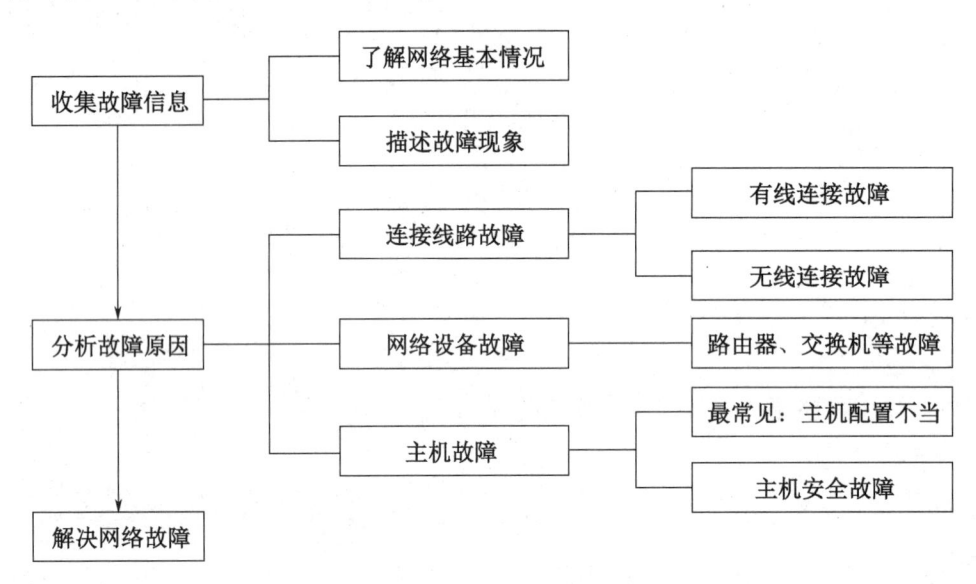

（1）_____故障，通常原因是网线松动或网线_____，解决方法是：首先检查本地计算机网络接口上的_____是否松动、脱落，然后检查网线另一端交换机、路由器等设备是否通电运行，网线是否松动、脱落；最后使用测线仪检测网线是否正常；

（2）无线连接故障，原因通常是本地无线网络开关关闭，接入的_____关闭或故障；

（3）_____故障，主要原因是防雷电、防潮、散热不到位，电源不稳，元器件自然老化，以及元器件本身质量问题等，可以根据故障现象，对可能发生故障的设备进行_____，以便对故障设备进行确认；

（4）_____故障，主要原因是主机配置不当，如IP地址、DNS地址等设置不当都会造成网页访问失败，检查相关配置即可；

（5）主机安全故障，由于病毒或者黑客攻击，大量网络资源被非法占用，导致用户无法

正常访问网络，此时可先拔掉_____，安装最新的_____并查杀病毒。

2．重置无线路由器的方法：在_____允许状态下，_____路由器的_____按钮，直至所有灯均亮起后松开，重置成功后，记得重新配置路由器。

3．共享网络_____：通过手机等移动数据连接，可以向其他设备提供互联网连接，与附近的设备共享网络。

4．_____指"第五代移动通信技术"，其性能目标是提高_____、减少延迟、节省能源、降低成本、_____，以便于大规模的设备连接。

## 例题解析

1．家用台式计算机无法上网了，最不可能出现的故障是（　　）。

　　A．有线连接故障　　　　　　B．无线连接故障

　　C．网络设备故障　　　　　　D．主机配置故障

**解析**：家用台式计算机一般采用有线连接方式上网，所以最不可能出现无线连接故障。故答案为B。

2．在Windows 10操作系统中可以用（　　）命令来检测相关的IP地址是否能正确连接。

　　A．ping　　　　　　　　　　B．ipconfig

　　C．netsh　　　　　　　　　 D．arp

**解析**：在Windows 10操作系统中，可以用ping命令来检测相关的IP地址是否能正确连接，可以用ipconfig命令显示信息（IP地址、子网掩码、默认网关等），可以用netsh命令恢复网络配置，可以用arp命令进行地址解析。故答案为A。

## 基础练习

1．下列属于常见网络故障处理思路的是（　　）。

①收集故障信息；②统计网络分析数据；③分析故障原因；④解决网络故障。

　　A．①②③　　　　　　　　　B．①③④

　　C．①②④　　　　　　　　　D．①②③④

2．主机故障的主要原因是（　　）。

　　A．网线松动　　　　　　　　B．无线网络开关关闭

　　C．散热不到位　　　　　　　D．主机配置不当

3．重置无线路由器的方法是在（　　）允许状态下，（　　）路由器的 Reset 按钮，直至所有灯均亮起后松开即可。

  A．通电　长按　    B．通电　按一下

  C．断电　长按　    D．断电　按一下

4．5G 是指"第（　　）代移动通信技术"。

  A．五　       B．四

  C．三　       D．二

## 提高练习

1．在 Windows 10 操作系统中，可以使用（　　）命令显示信息。

  A．ipconfig　     B．netsh

  C．ping　      D．arp

2．在 Windows 10 操作系统中，可以使用（　　）命令恢复网络配置。

  A．ping　      B．ipconfig

  C．arp　       D．netsh

3．在 Windows 10 操作系统中，可以使用（　　）命令进行地址解析。

  A．ipconfig　     B．arp

  C．netsh　      D．ping

4．操作题：设置手机网络热点，并将平板电脑或笔记本电脑等设备通过此热点进行上网。

## 拓展练习

1．发生（　　）故障时，通常会出现有的程序能访问网络，而有的程序却不能访问。

  A．无线连接　     B．有线连接

  C．防火墙配置　    D．主机安全

2．操作题：在 Windows 10 操作系统的命令行窗口中，尝试使用 ping/ipconfig/netsh/arp 命令查看相关结果。

## 2.3 获取网络资源

**学习要求**

1. 能识别网络资源的类型，区分网络开放资源、免费资源和收费认证资源；
2. 根据实际需要获取网络资源，能合法使用网络信息资源，树立知识产权保护意识；
3. 会辨识有益或不良网络信息，能对信息的安全性、准确性和可信度进行评价。

### 任务1 认识网络信息资源

**学习重点**

1. 网络资源的类型；
2. 网络开放资源、免费资源和收费资源的区分。

**知识梳理**

1. ＿＿＿＿＿＿＿主要指网络信息资源，是以＿＿＿＿＿形式记录且以多种媒体形式表示的，分别存储在互联网中不同的主机上，并通过计算机网络通信方式进行传递的资源的集合。

2. 按信息资源的提供主体，网络信息资源可分成以下几类：

（1）＿＿＿＿＿＿＿＿＿＿具有权威性，如各级各类政府部门发布的专业报告、公开的政策文件等；

（2）＿＿＿＿＿＿＿＿＿＿具有一定的专业性，如中国互联网协会发布的中国互联网发展报告，通常代表本单位正式发布；

（3）＿＿＿＿＿＿＿＿＿＿类型丰富多样、个性鲜明。

3. 按信息资源的知识产权保护，网络信息资源可分成以下几类：

（1）＿＿＿＿＿＿＿是指资源在互联网等公共领域内可以被免费获取，允许任何用户阅读、复制、传递、打印、检索等，如政府部门公开的资源；

（2）＿＿＿＿＿＿＿是信息资源可以在一定的许可范围内免费使用，它在软件开发中尤为常见。

（3）目前_____越来越多，比如收费的电子书、电子期刊、视听节目、摄影作品、软件、手机应用等。

4．保存图片：右击图片→选择"_____"命令。保存网页：右击网页页面→选择"网页另存为"命令→保存类型为"_____"；保存文字：选中网页上的部分文字后复制→再粘贴到软件中。

## 例题解析

1．中国互联网协会发布的中国互联网发展报告属于（　　）。
  A．政府信息资源　　　　　　B．行业企业信息资源
  C．大众传媒资源　　　　　　D．个人自媒体资源

**解析**：行业企业信息资源具有一定的专业性，如中国互联网协会发布的中国互联网发展报告，通常代表本单位正式发布。故答案为B。

2．按信息资源的知识产权保护分类，政府部门公开的资源是（　　）。
  A．开放资源　　　　　　　　B．免费资源
  C．收费资源　　　　　　　　D．公共资源

**解析**：开放资源是指资源在互联网等公共领域内可以被免费获取，允许任何用户阅读、下载、复制、传递、打印、检索等，如政府部门公开的资源。故答案为A。

## 基础练习

1．网络资源是以（　　）形式记录且以多种媒体形式表达的，分别存储在互联网不同的主机上，并通过计算机网络通信方式进行传递的资源的集合。
  A．数字化　　　　　　　　　B．信息化
  C．模块化　　　　　　　　　D．网络化

2．（　　）具有权威性，如各级各类政府部门发布的专业报告、公开的政策文件、年鉴、地方志、经济运行数据等。
  A．政府信息资源　　　　　　B．行业企业信息资源
  C．大众传媒资源　　　　　　D．个人自媒体资源

3．按信息资源的知识产权保护分类，网络信息资源不包括（　　）。
  A．开放资源　　　　　　　　B．收费资源
  C．公共资源　　　　　　　　D．免费资源

### 提高练习

保存整个网页，先右击网页页面，再选择"网页另存为"命令，在弹出的对话框中选择文件的保存类型为（　　）。

A．网页，全部  B．网页（单个文件）
C．网页，仅 HTML  D．以上均可

### 拓展练习

操作题：通过浏览器搜索"北斗卫星导航系统"，下载没有版权保护的图片，保存介绍北斗卫星导航系统的网页和部分文字内容。

## 任务 2　检索和评估信息资源

### 学习重点

1. 网络资源的获取；
2. 网络信息资源的评价；
3. 有益或不良网络信息的辨识。

### 知识梳理

1. ＿＿＿＿＿＿＿＿＿＿的特点是数量巨大、内容丰富、变化频繁、结构复杂、分布广泛，信息组织呈现出＿＿＿＿＿＿与＿＿＿＿＿＿。

2. ＿＿＿＿＿＿是最常用的检索信息资源的工具。从功能和原理上区分，搜索引擎大致可分为＿＿＿＿搜索引擎、＿＿＿＿搜索引擎、垂直搜索引擎和目录搜索引擎四大类。它的基本功能是从海量的网页中去抓取和索引＿＿＿＿＿，并依据相关性和重要性将结果＿＿＿＿。

3. 一些专业性的内容通常需要到专题网站或官方网站上进行＿＿＿＿＿＿，这些网站通常通过垂直搜索和＿＿＿＿＿＿来实现。

4. 官方网站（简称＿＿＿＿）是团体或者组织的主办者体现其意志想法，公开其信息，并带有专用、权威、公开性质的一种网站。

5. 信息资源的内容从可信度、＿＿＿＿＿＿、合理性及＿＿＿＿＿＿四个维度进行评价。

6. 信息的获取需要结合自身知识来甄别有益或不良网络信息，合理地使用_____的网络信息资源，自觉_____不良的网络信息资源。

7. 网络资源获取途径：使用搜索引擎、_____和探索资源的其他获取途径。

## 例题解析

玉树地震后，小陈想通过捐款奉献爱心，可从（　　）获取正确的捐款账号信息。

　　A．CCTV 网站　　　　　　B．QQ 群中陌生人发布的账号
　　C．不明手机短信中的账号　　D．陌生电子邮件中的账号

解析：官方网站（简称官网）是团体或者组织的主办者体现其意志想法，公开其信息，并带有专用、权威、公开性质的一种网站。故答案为 A。

## 基础练习

1. 网络信息资源的特点不包括（　　）。

　　A．数量巨大　　　　　　B．内容丰富
　　C．分布局限　　　　　　D．变化频繁

2. （　　）是最常用的检索信息资源的工具。

　　A．搜索引擎　　　　　　B．站内搜索
　　C．官方网站　　　　　　D．朋友圈

3. 下列属于搜索引擎网址的是（　　）。

　　A．https://www.sousuo.com
　　B．https://www.sina.com.cn
　　C．https://www.hzcnc.com
　　D．https://www.baidu.com

4. （　　）是团体或者组织的主办者体现其意志想法，公开其信息，并带有专用、权威、公开性质的一种网站。

　　A．官网　　　　　　　　B．粉丝站
　　C．微博号　　　　　　　D．抖音号

5. 信息资源的（　　）应从可信度、可用性、合理性及可获取性四个维度进行评价。

　　A．载体　　　　　　　　B．内容
　　C．创新　　　　　　　　D．方法

6. 信息的获取需要结合自身知识甄别有益或不良网络信息，自觉（　　）不良的网络信息资源。

  A．包容        B．接受

  C．抵制        D．无视

### 提高练习

检索并获取网络信息资源的先后步骤是（　　）。

  A．搜索信息→分析合理性→评估易用性→获取有效信息

  B．搜索信息→评估易用性→分析合理性→获取有效信息

  C．分析合理性→评估易用性→搜索信息→获取有效信息

  D．评估易用性→分析合理性→搜索信息→获取有效信息

### 拓展练习

1. 小优在搜索中，使用"故宫钟表""故宫钟表修复"等关键词进一步缩小搜索范围，得到更加精准的搜索信息，是精细化搜索。此说法（　　）。

  A．错误        B．正确

2. 用 IE 浏览器浏览网页，在地址栏中输入网址时，可以省略的是（　　）。

  A．http://        B．ftp://

  C．mailto://       D．news://

## 2.4 进行网络交流

**学习要求**

1. 会使用电子邮件和即时通信软件；

2. 会编辑、加工和发布网络信息；

3. 能在网络交流、网络信息发布等活动中，坚持正确的网络文化导向，弘扬社会主义核心价值观；

4. 会使用远程桌面和远程协助工具进行网络远程操作。

## 任务1 使用电子邮件和即时通信软件

### 学习重点

1. 电子邮件的使用；
2. 即时通信软件的使用。

### 知识梳理

1. 电子邮件和_____是最常用的两类网络通信工具。

2. _____是一种通过互联网进行信息交换的通信方式，经_____认证的电子邮件具有法律效力，是典型的电子证据。

3. _____是存储电子邮件的网络交流电子信息空间，每个用户的电子邮箱都有一个唯一的地址，其格式为"_____"，如"zjnbwsxxcjj@163.com"中"zjnbwsxxcjj"表示邮箱的用户名，一般由_____自行编写，以便识别与记忆；"@"是英文"_____"的意思；"163.com"表示收件人申请的电子邮箱服务器。

4. 电子邮件客户端软件目前主要有 Outlook 和_____，两者都是免费软件。

5. _____是一种网络服务，允许_____使用网络_____进行各类信息交流，常用的个人通信软件有 QQ、_____、_____等。

### 例题解析

电子邮件地址的一般格式是（　　）。

　　A．用户名@域名　　　　　　B．域名@用户名
　　C．IP 地址@域名　　　　　　D．域名@IP 地址名

解析：电子邮箱是存储电子邮件的网络交流电子信息空间，格式为"用户名@域名.域名后缀"，如"zjnbwsxxcjj@163.com"中"zjnbwsxxcjj"表示邮箱的用户名；"@"是英文"at"的意思；"163.com"表示收件人申请的电子邮箱服务器。故答案为 A。

## 基础练习

1. 电子邮件地址中的用户名与网络服务器的主机名之间用（　　）符号连接。
   A．"@"          B．"#"
   C．"%"          D．"&"

2. 下列属于电子邮件地址的是（　　）。
   A．nb@sina.com          B．211.68.7.12
   C．www.cnool.com        D．ftp.school.com

3. Outlook Express 是（　　）软件。
   A．浏览器          B．下载工具
   C．视频播放器      D．邮件客户端

4. 下列关于 Outlook Express 的说法，错误的是（　　）。
   A．一种邮件客户端软件          B．Windows 10 自带的软件
   C．只能同时管理一个邮件账户    D．提供了多种信纸，也可以用户自己创建信纸

5. 下列不是即时通信工具的是（　　）。
   A．钉钉          B．QQ
   C．微信          D．优酷

6. 腾讯QQ属于（　　）。
   A．网络操作系统     B．网络通信软件
   C．网络协议         D．付费软件

7. QQ 聊天时，可以传递（　　）。
   ①文本　②图片　③声音　④视频　⑤动画
   A．①②④⑤          B．①③④⑤
   C．①②③④⑤        D．②③④⑤

## 提高练习

1. 下列属于收发电子邮件的客户端软件的是（　　）。
   A．Internet Explorer          B．Foxmail
   C．Edge                        D．Firefox

2. 下列软件中不是同一种类型的是（　　）。
   A．QQ             B．Skype
   C．FlashGet       D．MSN

3. 当朋友给我发送邮件而我没在线，那么已发送的电子邮件将会（　　）。

　　A．退回给发信人　　　　　　B．保存在服务器上

　　C．因为超过时间，无法打开　　D．该邮件被丢掉并永远不再发送

### 拓展练习

1. 通常在电子邮件管理系统中，对"收件箱"里的邮件进行"删除"操作后，被删除的邮件将（　　）。

　　A．移入"草稿"

　　B．被彻底删除

　　C．移入 Windows 10 桌面上的"回收站"

　　D．移入"已删除邮件"

2. 用 Foxmail 接收电子邮件时，收到的邮件中带有回形针状标志，说明该邮件（　　）。

　　A．有病毒　　　　　　　　B．有附件

　　C．是垃圾邮件　　　　　　D．该邮件尚未被阅读

3. 小陈在使用 QQ 和 E-mail 的过程中，发现它们有一些共同之处，下列选项错误的是（　　）。

　　A．都可以用文字交流　　　　B．都可以传递图片信息

　　C．都可以实时语音视频交流　　D．都有账号（或用户）名

## 任务 2　发布自媒体信息

### 学习重点

1. 网络不是法外之地，坚持社会主义核心价值观；
2. 网络信息的编辑、加工和发布；
3. 借助远程桌面和远程协助工具进行网络远程操作。

### 知识梳理

1. 互联网时代为每个人提供了＿＿＿＿＿＿的机会，人人都可以利用＿＿＿＿＿发布文章或视频，把自己的想法、＿＿＿＿＿＿分享给其他人。

2．在网络交流与信息发布过程中_____发布、传送、传播_____国家_____的内容。

3．_____是一种分享简短实时信息的_____社交媒体、网络平台，允许用户通过计算机、手机等多种终端设备访问，以文字、图片、视频等多媒体形式，实现信息的即时分享、传播互动。

4．目前_____是国内影响力最大的微博。

5．_____是基于微信公众平台的应用，_____和团体均可申请。

6．_____自媒体作为视频自媒体的一种，主要指以时长_____以内的视频为信息载体、依托移动互联网平台生成社群关系从而形成的媒介产品。

7．_____是指通过网络从一台设备去操作另一台设备，其中起控制作用的一方称为主控制端或_____，而被控制的一方则称为被控制端或_____。

8．远程控制主要的技术应用有_____、_____、远程控制软件等，广泛应用于_____、远程技术支持、远程维护管理等。

9．常用的远程操作工具有 Windows 远程桌面，以及_____的远程控制软件，如 QQ 远程桌面、_____远程控制软件等，可以实现远程协作。

10．_____是腾讯公司开发的一个体现个性、具有博客（blog）功能的 QQ 附属产品，可以书写日志、上传图片、听音乐、写心情等。

## 例题解析

1．小陈想搭建一个属于自己的学习资源中心，实现与任何人进行即时分享、学习交流，下列最高效的方式是（　　　）。

　　A．注册域名、租用服务器搭建自己的网站

　　B．利用 QQ 群

　　C．利用 QQ 空间

　　D．利用自己的微博和网盘

解析：选项 A 费钱费力；选项 B 能自由交流，但是不能搭建属于自己的学习资源中心；选项 C 不能实现即时分享。故答案为 D。

2．下列不是第三方远程控制软件的是（　　　）。

　　A．QQ 远程桌面　　　　　　B．向日葵远程控制软件

　　C．Teamviewer　　　　　　D．MSN

解析：常见的第三方远程控制软件有 QQ 远程桌面、向日葵远程控制软件、Teamviewer。故答案为 D。

## 基础练习

1. 互联网时代为每个人提供了展示自我的机会,每个人都可以利用(　　)发布文章或视频,把自己的想法、所见所闻分享给其他人。

   A．流媒体　　B．自媒体　　C．新媒体　　D．融媒体

2. 在网络交流与信息发布过程中,发布者(　　)国家法律法规的内容。

   A．可以超越　　B．可以违反　　C．不得违反　　D．视情况违反

3. (　　)是一种分享简短实时信息的广播式社交媒体、网络平台。

   A．微博　　　　　　　　B．微信公众号
   C．微信小程序　　　　　D．短视频

4. 短视频自媒体作为视频自媒体的一种,主要指以时长(　　)以内的视频为信息载体、依托移动互联网平台生成社群关系从而形成的媒介产品。

   A．3 分钟　　B．5 分钟　　C．8 分钟　　D．10 分钟

5. 远程控制的主要技术应用不包括(　　)。

   A．遥控　　　　　　　　B．远程协助
   C．远程控制软件　　　　D．远程桌面

6. 远程控制广泛应用于(　　)。

   A．远程办公　　　　　　B．远程技术支持
   C．远程维护管理　　　　D．以上都是

7. 下列不属于网络空间应用的是(　　)。

   A．微博　　B．博客　　C．钉钉　　D．QQ 空间

## 提高练习

小芳想用手机订阅"新华社"的订阅号,下列操作正确的是(　　)。

A. 在手机应用 App 选择"微信"→"通信录"→"公众号"→点击右上角"+",搜索公众号"新华社",点击"关注"

B. 进入手机微信首页,搜索"新华社"→点击"全部"导航→打开"新华社"公众号→点击"关注"

C. 进入手机微信首页,搜索"新华社"→点击"公众号"导航→打开"新华社"公众号→点击"关注"

D. 进入手机微信首页,搜索"新华社"→点击"小程序"导航→打开"新华社"公众号→点击"关注"

### 拓展练习

1．一条微博只能发布不超过140个字的文本信息，当小明想发布超过140个字的文本信息时，最佳的处理办法是（　　）。

  A．把文本转化为图片　　　　B．请微博客服代处理

  C．发布长微博　　　　　　　D．在 QQ 空间中撰写，同时发布在微博中

2．操作题：利用微信，注册个人订阅号，发布一则图文信息。

3．操作题：申请新浪微博账号，发布一篇微博。

## 2.5 运用网络工具

### 学习要求

1．会运用云盘等网络工具进行多终端信息资料的传送、同步与共享；

2．了解网络学习的类型与途径，掌握数字化学习的方法；

3．了解网络对生活的影响，能熟练应用生活类网络工具；

4．能借助在线协作网络工具多人协作完成任务。

### 知识梳理

1．_____是一种基于_____的数据存储形式，数据存储在云存储服务提供商的_____存储系统中，用户只要购买云存储服务获得_____，就可以通过网络随时随地访问数据，分享数据。

2．探索网络学习的途径有：

（1）_____通常指免费开放的数字化材料；

（2）_____是以知识服务为核心，帮助用户完成知识升级；

（3）_____是通过网络，辅导员在任何时间和地点都可以对学习者进行学习上的辅导。

3．_____是网络技术与金融的相互结合，包括数字货币、网上银行、网上支付、网络证券及网络保险等。

4．_____又称为网络银行、在线银行、电子银行，是指利用网络技术，向客户提供各种银行服务，使客户足不出户就能够安全便捷地管理存款、支票、信用卡及个人投资等。

5. _____是电子支付的一种形式，它通过_____提供的与银行之间的支付接口进行即时支付。

6. 支付宝和_____是国内知名的第三方支付工具。

7. 根据交易双方用户的类别，网上购物平台可分为_____、C2C、B2B 和_____四类。

8. _____是通过网络查询招聘信息，提交个人简历，通过企业与个人双向选择，从而实现就业。它具有选择面更___、投递简历不受时间和地域限制、效率____等特点。

9. 金山文档和腾讯文档是两款具有较好跨平台_____功能的_____文档。

10. 云笔记能够实现计算机桌面端、_____和云端之间的信息_____，与他人实现信息的分享，从其他应用中收藏内容等功能。_____、印象笔记等都是跨平台、简单快速的个人记事_____工具。

11. 网上支付包括通过网上银行_____支付和通过_____（如微信、支付宝）支付。

12. 网上银行登录时，通过搜索引擎查找，要注意通过网址辨识所登录的是否为银行的_____。

## 例题解析

1. 网上购物平台类型很多，阿里巴巴属于（　　）。

　　A．C2C　　　B．C2B　　　C．B2B　　　D．B2C

解析：C2C 是 Customer to Customer，O2O 是 Online to Offline，B2B 是 Business to Business，B2C 是 Business to Customer，所以淘宝网属于 C2C，优衣库属于 O2O，阿里巴巴属于 B2B，天猫属于 B2C。故答案为 C。

2. 网上银行是（　　）上的虚拟银行柜台，其功能实现同真实银行柜台一致。

　　A．LAN　　　B．WAN　　　C．Internet　　　D．Intranet

解析：网上银行是在互联网上的虚拟银行柜台，其功能实现同真实银行柜台一致。故答案为 C。

## 基础练习

1. 云存储是一种基于网络的（　　）存储形式，数据存储在云存储服务提供商的分布式存储系统中。

　　A．数据　　　B．技术　　　C．文本　　　D．图形

2. 下列不属于网络学习的方式是（　　）。

 A．网络录课　B．网上直播　C．远程指导　D．现场教学

3. 下列不属于网上学习主要特点的是（　　）。

 A．方便讨论　B．开放　C．自主灵活　D．资源共享

4. 下列属于网络交易第三方支付工具的是（　　）。

 A．工行网上银行　　　　　B．建行网上银行

 C．支付宝　　　　　　　　D．刷银联卡

5. 下列关于支付宝的说法，错误的是（　　）。

 A．一种第三方支付平台

 B．一种较为安全的支付方式

 C．除了淘宝网，很多其他的网站也可以用支付宝支付

 D．如果买家不确认收货，支付宝不会把钱打给卖家

6. 网上购物平台类型很多，淘宝网属于（　　）。

 A．C2C　B．C2B　C．B2B　D．B2C

7. 网上购物采用（　　）方式最安全。

 A．银行汇款　B．支付宝支付　C．现金支付　D．信用卡直接支付

8. （　　）是通过网络查询招聘信息，提交个人简历，通过企业与个人双向选择，从而实现就业。

 A．网络金融　B．网上购物　C．网上求职　D．网上生活

9. （　　）是网易公司推出的一款跨平台的简单快速的个人记事备忘工具，能够实现计算机桌面端、移动设备端和云端之间的信息同步。

 A．有道云笔记　　　　　　B．金山文档

 C．腾讯文档　　　　　　　D．共享记事本

### 提高练习

1. 下列网站可以进行二手物品交易的是（　　）。

 A．搜狐　　　　　　　　　B．百度

 C．闲鱼　　　　　　　　　D．网易

2. 下列关于C2C的说法，错误的是（　　）。

 A．是电子商务的一种类型　B．是企业对用户的电子商务类型

 C．淘宝属于C2C类型　　　D．为消费者买卖双方提供一个在线交易平台

3. 金山文档和腾讯文档是两款具有较好跨平台协作功能的在线文档，可以实现多个文档与多个编写者之间的（　　）协作关系。

A．一对一　　　B．一对多　　　C．多对一　　　D．多对多

### 拓展练习

1. 陈明想通过网络购买一台笔记本电脑，可以选用（　　）平台。

A．淘宝网　　　B．搜狐　　　C．百度　　　D．网易

2. 李老师想买一本《中职信息技术同步练》，下列可以买到的网站是（　　）。

A．www.sohu.com　　　　　B．www.dangdang.com

C．www.douban.com　　　　D．www.163.com

3. 操作题：使用"金山文档"进行全班同学的基本信息采集。

## 2.6 探索物联网

### 学习要求

1. 了解物联网的概念、发展，以及智慧城市的相关知识；
2. 了解典型的物联网系统并体验应用；
3. 了解物联网的常见设备及软件配置。

### 任务1 认识物联网

#### 学习重点

1. 物联网的概念、发展；
2. 智慧城市相关知识。

#### 知识梳理

1. 物联网，简称_____，简单地说，就是指物与_____相连的网络。

2. 任何事物附加接入物联网的_____，均可以成为物联网中的"物"。

3. 智慧城市利用_____、_____、_____等技术对传统城市进行改造和升级，形成能够连接一切的更高效、安全、宜居的新一代信息化城市。

## 例题解析

1. 下列属于物联网专用技术的是（　　）。
   A．云计算技术　　　　　　B．大数据技术
   C．射频识别技术　　　　　D．信息技术

解析：物联网是能通过各种信息传感器、射频识别技术、全球定位系统、红外感应器、激光扫描器、气体感应器等各种装置与技术，实时采集各种状态信息的网络。而智慧城市则利用物联网、大数据、云计算等技术对传统的城市进行改造和升级。故答案为C。

2. 二代身份证拥有（　　）物联网特性。（多选）
   A．唯一的地址标签　　　　B．感知能力
   C．通信能力　　　　　　　D．执行控制

解析：物联网中的"物"必须具备拥有唯一的地址标签、拥有感知能力、拥有通信能力、执行控制四个特性，二代身份证内置芯片，拥有地址标签和感知能力。故答案为A、B。

## 基础练习

1. 物联网就是指物与（　　）相连的网络。
   A．数据　　　　　　　　　B．信息
   C．物　　　　　　　　　　D．人

2. 任何事物附加接入物联网的设备，均可以成为物联网中的（　　）。
   A．物　　　　　　　　　　B．信息
   C．数据　　　　　　　　　D．技术

3. 智慧城市利用（　　）技术对传统的城市进行改造和升级。
   ①物联网　②大数据　③云计算
   A．①②　　　　　　　　　B．①③
   C．②③　　　　　　　　　D．①②③

### 提高练习

1. 下列不属于物联网中的"物"是（　　）。
   A．LED 灯　　　　　　　　B．扫地机器人
   C．主人　　　　　　　　　D．电视机
2. 下列不是智慧城市关键要素的是（　　）。
   A．智慧能源　　　　　　　B．头脑智慧风暴
   C．智慧政务　　　　　　　D．智慧社区

### 拓展练习

家中的智能监控摄像头能识别出"此物为何物""此物何所在"，这是因为智能监控摄像头具有（　　）特性。
   A．拥有唯一的地址标签　　B．拥有感知能力
   C．拥有通信能力　　　　　D．执行控制

## 任务 2　体验物联网

### 学习重点

1. 典型的物联网系统和物联网技术；
2. 物联网的常见设备及软件配置。

### 知识梳理

1. 物联网系统由_____、_____、平台层和应用层组成。
2. 在感知层中主要的技术是_____、_____、智能识别技术、二维码技术、卫星定位技术等。
3. 物联网的网络层会采用多种通信技术，包括有线和无线网络技术、_____、移动通信技术，还采用了_____等物联网专用通信技术。
4. _____是负责感知层和_____之间数据中转，以及感知层内部不同感知网络之间的数据中转的设备，同时具备感知层终端节点设备的管理功能。

## 例题解析

物联网的网络层常用技术有（　　）。

　　A．传感器技术　　　　　　B．RFID 射频技术

　　C．智能识别技术　　　　　D．蓝牙通信技术

解析：物联网的网络层会采用多种通信技术，包括有线和无线网络技术、蓝牙通信技术、移动通信技术，还采用了 NB-IoT、LoRa、ZigBee 等物联网专用通信技术。故答案为 D。

## 基础练习

1．物联网的体系结构可以分为（　　）和应用层。

　　①感知层　②网络层　③平台层

　　A．①②　　　　　　　　　B．①③

　　C．②③　　　　　　　　　D．①②③

2．不列不属于物联网感知层的主要技术是（　　）。

　　A．通信技术　　　　　　　B．传感器技术

　　C．射频识别技术　　　　　D．智能识别技术

3．下列不属于物联网涉及的基础技术的是（　　）。

　　A．CMOS　　　　　　　　 B．Internet

　　C．NB-IoT　　　　　　　　D．ZigBee

4．物联网网关是负责感知层和（　　）之间数据中转，以及感知层内部不同感知网络之间的数据中转的设备。

　　A．感知层　　　　　　　　B．网络层

　　C．平台层　　　　　　　　D．应用层

## 提高练习

1．下列不属于应用层构成的是（　　）。

　　A．智慧教学　　　　　　　B．智慧交通

　　C．人工智能　　　　　　　D．智慧物流

2．红外线测体温门中用到物联网中的部件是（　　）。

　　A．传感器　　　　　　　　B．存储器

　　C．CPU　　　　　　　　　D．芯片

3. 下列不属于智能家居系统常用产品的是（　　）。

    A．智能门锁　　　　　　　　B．遥控 LED 灯

    C．智能插座　　　　　　　　D．平板电脑

### 拓展练习

小李用智能手机来计走路步数，这主要是利用了手机中的（　　）传感器。

    A．指纹　　　　　　　　　　B．重力

    C．光线　　　　　　　　　　D．加速度

## 单元测试

单项选择题（共 25 题，每题 4 分，共 100 分）

1. 网络中心的徐老师在校园内建立的计算机网络属于（　　）。

    A．局域网（LAN）　　　　　B．广域网（WAN）

    C．城域网（MAN）　　　　　D．控制器局域网络（CAN）

2. 目前网上购物、直播带货随处可见，这是互联网对当代社会在（　　）的变革。

    A．生产方式　　　　　　　　B．商业模式

    C．工作模式　　　　　　　　D．社交方式

3. 在 OSI 七层参考模型中，处于数据链路层与传输层之间的是（　　）。

    A．物理层　　　　　　　　　B．网络层

    C．会话层　　　　　　　　　D．表示层

4. IP 地址是由（　　）组成的。

    A．三个点分隔 4 个 0～255 的数字

    B．三个点分隔主机名、单位名、地区名和国家名 4 个部分

    C．三个点分隔 4 个部分，前两部分是国家名和地区名，后两部分是数字

    D．三个点分隔 4 个部分，前两部分是国家名和地区名，后两部分是网络和主机码

5. 域名系统负责域名与 IP 地址的（ ）关系。

   A．包含  B．交集

   C．并集  D．映射

6. POP3 服务器指遵循 POP3 协议的（ ）邮件服务器，用来接收电子邮件。

   A．发送  B．中转

   C．接收  D．存储

7. 在 HTML 文档的源代码中，下列可以单独存在的是（ ）。

   A．<title>  </title>  B．<html>  </html>

   C．<br>  </br>  D．<head>  </head>

8. 小李想自驾去海南旅游，他可以通过（ ）了解行车路线。

   A．www.microsoft.com  B．map.baidu.com

   C．www.nbedu.net.cn  D．mail.163.com

9. 在顶级域名中，.edu、.gov、.mil、.com 分别代表（ ）。

   A．教育机构  政府部门  军事部门  商业机构

   B．教育机构  商业机构  国际组织  政府部门

   C．教育机构  军事部门  政府部门  商业机构

   D．政府部门  教育机构  军事部门  商业机构

10. 下列关于路由器和交换机的说法，错误的是（ ）。

    A．路由器具有网关功能

    B．路由器分有线路由器和无线路由器

    C．交换机既有 LAN 口，又有 WAN 口

    D．路由器至少有一个 WAN 口

11. 为防止外部网络用户未经授权访问内部网络，小明给家用计算机安装了（ ）。

    A．交换机  B．无线路由器

    C．防火墙  D．无线网卡

12. 小明想构建一个办公室网络，如下图所示，最佳的网络接入方式是（ ）。

    A．局域网 1  B．局域网 2

    C．局域网 3  D．局域网 1 或局域网 2

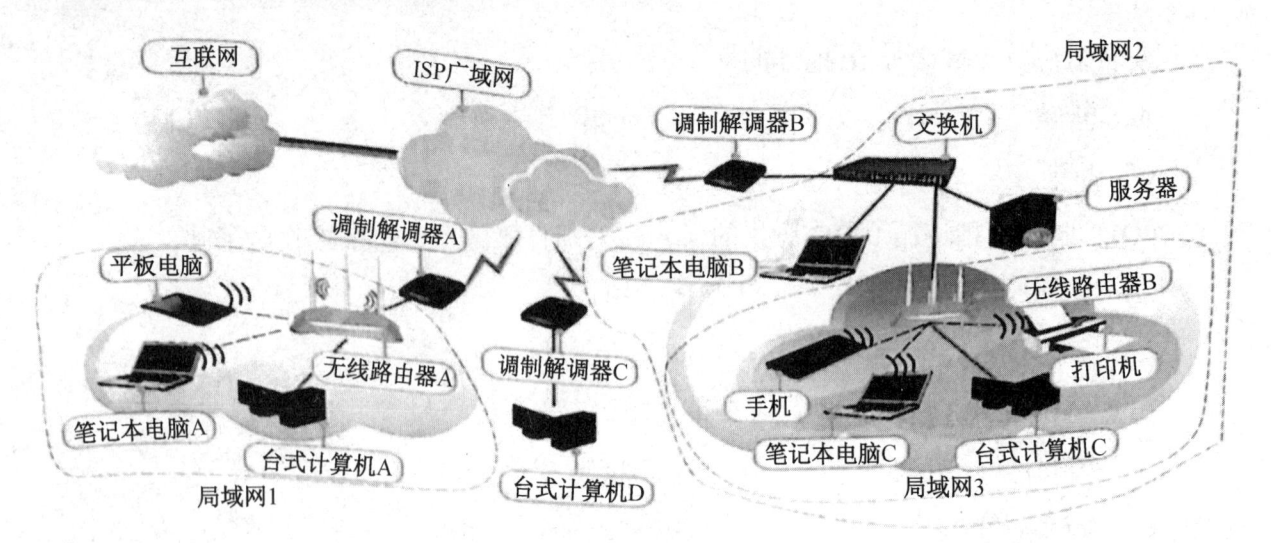

13. 在日常生活中，家用计算机无法正常上网的原因可能是（　　）。

①网卡驱动有问题；②网络防火墙设置不当；③IP 地址冲突；④网络服务商问题。

  A．①②        B．②③④

  C．①③④       D．①②③④

14. 保存整个网页，先右击网页页面，再选择"网页另存为"命令，在弹出的对话框中选择文件的保存类型为（　　）。

  A．网页，全部     B．网页（单个文件）

  C．网页，仅 HTML    D．以上均可

15. 如果你对网页上的一段图文信息感兴趣，想保存到本地硬盘，最好的操作是（　　）。

  A．选中这段图文信息，然后右击，选择"复制"命令，再打开 Word，选择"粘贴"

  B．选择"文件"菜单中的"另存为"菜单命令，保存为 Web 页格式

  C．选择"查看"菜单中的"源文件"命令，再保存这个文件的源代码即可

  D．没有办法保存

16. 下列关于百度搜索的说法，错误的是（　　）。

  A．百度是全球最大的中文搜索引擎

  B．两个关键字中间用空格隔开，表示搜索同时含有这些关键字的资料

  C．关键字：奔驰-玩具车，表示搜索奔驰玩具车

  D．百度搜索提供分类搜索功能

17. 假设用户名为 abc，Internet 邮件服务器的域名为 sina.com，则该用户的电子邮箱地址是：（　　）。

  A．sina.com.abc     B．abc.abc.tpt.tj.cn

  C．sina.com@abc     D．abc@sina.com

18. 小陈想搭建一个属于自己的学习资源中心，实现与任何人进行即时分享、学习交流，下列最高效的方式是（　　）。

　　A．注册域名、租用服务器搭建自己的网站

　　B．利用 QQ 群

　　C．利用 QQ 空间

　　D．利用自己的微博和网盘

19. 小明是学校法人代表，想为学校申请微信公众号，按微信公众号类型来分，他不能申请（　　）。

　　A．企业号　　　B．视频号　　　C．服务号　　　D．订阅号

20. 小明的好友在计算机操作上遇到一些问题，小明在 QQ 上可通过（　　）功能帮助好友直接解决。

　　A．音频　　　　　　　　　B．分享屏幕

　　C．视频　　　　　　　　　D．远程协助

21. 下列不属于旅游类应用软件的是（　　）。

　　A．天涯　　　　　　　　　B．马蜂窝

　　C．飞猪　　　　　　　　　D．携程

22. 物联网是指能通过（　　）等各种装置与技术，实时采集各种状态信息的网络。

①信息传感器；②射频识别技术；③激光扫描器。

　　A．①②　　　　　　　　　B．①③

　　C．②③　　　　　　　　　D．①②③

23. 家中的智能监控摄像头能识别出"此物为何物""此物何所在"，这是因为智能监控摄像头具有（　　）特性。

　　A．拥有唯一的地址标签　　B．拥有感知能力

　　C．拥有通信能力　　　　　D．执行控制

24. 下列关于 RFID 的说法，不正确的是（　　）。

　　A．射频识别，俗称电子标签

　　B．是一种非接触式、单向通信的自动识别技术

　　C．由一个阅读器和目标电子标签两个基本器件组成

　　D．通过射频信号自动识别目标对象并获取相关数据

25. 小李用智能手机来计走路步数，这主要是利用了手机中的（　　）传感器。

　　A．指纹　　　　　　　　　B．重力

　　C．光线　　　　　　　　　D．加速度

# 第 3 单元

# 文档创意与制作——图文编辑

◎ 单元要求

本单元旨在综合选用字处理、电子表格、图形绘制等不同类型的图文编辑软件，根据业务要求进行文、表、图等编辑排版。

## 3.1 图文编辑入门

**学习要求**

1. 了解常用图文编辑软件及工具的功能特点并能根据业务需求综合选用；
2. 会使用不同功能的图文编辑软件创建、编辑、保存和打印文档；
3. 会进行文档的类型转换与文档合并；
4. 会查询、校对、修订和批注文档信息；
5. 会对文档进行信息加密和保护。

### 任务1 了解图文编辑

**学习重点**

1. 常用图文编辑软件及工具的功能特点；
2. 软件工具的综合选用。

## 知识梳理

1. 以 Microsoft Office Word、WPS 文字软件等为代表的_____软件，主要功能包括文字编辑、图形处理及图文混排、表格处理等。

2. 以 InDesign、北大方正等为代表的_____软件，主要功能包括广告制作、报纸杂志出版、书籍装帧、包装设计等。

3. 以移动终端上提供的排版类 App 为代表的_____软件，主要功能包括在移动终端上快速合成图、文、音视频等各种信息，并发布成可观看的文档。

4. 电子文档的基本元素包括：_____、_____、_____。

## 例题解析

1. WPS 文字软件属于（  ）。

    A．字处理软件  B．系统软件

    C．硬件      D．操作系统

**解析**：WPS 文字软件是 WPS 套装软件中的一个文字编辑办公软件，它功能齐全，可以说是一个全能的桌上排版系统。故答案为 A。

2. 下列关于 WPS 文字软件特点的描述，正确的是（  ）。

    A．一定要通过使用"打印预览"才能看到打印出来的效果。

    B．不能进行图文混排

    C．即点即输

    D．无法检查英文拼写及语法错误

**解析**：WPS 文字软件排版效果在屏幕上即时可见，屏幕所见即为在打印机上打印的结果。WPS 文字软件可以同时排版图形和文字。可以插入图片，也可以自己绘制图形，并且可轻松地利用鼠标处理排版功能。具有检查辅助功能。故答案为 C。

## 基础练习

1. 下列日常工作中用来建立各类文档的软件是（  ）。

    A．WPS    B．InDesign    C．美篇    D．AutoCAD

2. 下列日常工作中用来制作广告的软件是（  ）。

    A．WPS          B．InDesign

    C．美篇         D．AutoCAD

3. 下列日常工作中用来在移动终端上排版的软件是（　　）。

　　A．WPS　　　　B．InDesign　　C．美篇　　　　D．AutoCAD

4. WPS 文字软件不能实现的功能是（　　）。

　　A．文字的输入　　　　　　　　B．图形处理

　　C．广告制作　　　　　　　　　D．发布文档

5. 下列属于文本格式的有（　　）。

　　A．字体　　　　B．字形　　　　C．字号　　　　D．以上都是

6. 下列不属于页面格式的是（　　）。

　　A．页面布局　　　　　　　　　B．页面背景和页面边框

　　C．文档页眉和页脚　　　　　　D．行间距与段落间距

### 提高练习

1. WPS 文字常用于建立各类文档，如信函、简历和（　　）等。

　　A．工作报告　　B．报纸　　　　C．书籍装帧　　D．微信公众号

2. InDesign 常用于广告制作、书籍装帧和（　　）等。

　　A．工作报告　　B．包装设计　　C．图文混排　　D．微信公众号

3. 在移动终端上的排版类 App，如美篇、易企业等，简单易用，可以快速合成图、文和（　　）等各种信息。

　　A．文字　　　　B．图片　　　　C．声音　　　　D．音视频

### 拓展练习

1. 制作一份简单的宣传手册，可以使用（　　）软件。

　　A．WPS　　　　B．美篇　　　　C．Photoshop　　D．Flash

2. 不同类型的文档应选择不同的文档呈现方式。此说法（　　）。

　　A．正确　　　　　　　　　　　B．错误

## 任务 2　新建文档

### 学习重点

不同功能的图文编辑软件创建、编辑、保存文档。

## 知识梳理

1．启动软件，在编辑窗口输入所准备的文字，当文字到达一行的_____，输入的文字将自动跳转到下一行。

2．每输入一个自然段按_____换行。

3．对文档进行操作时，首先要_____。

4．保存文档：单击快速访问工具栏中的_____按钮或单击_____→_____或_____命令，出现在对话框中选择文档保存的位置，输入要保存的文档名称。

## 例题解析

1．常用的文档类型有（　　　　）。（多选）

　　A．WPS 文档　　B．Word 文档　　C．PDF 文档　　D．纯文本

解析：A 选项是 WPS 默认的文档保存格式。B 选项是 Word 2016 默认的文档保存格式。C 选项是便携式文件格式，优点是跨平台、能保留原文件格式。D 选项只保存文本，常用于保存程序源代码等。故答案为 ABCD。

2．WPS 文字文件的扩展名是（　　　）。

　　A．.wps　　　　　　　　B．.xlsx

　　C．.dotx　　　　　　　D．.docx

解析：WPS 文档默认的扩展名是.wps，Excel 电子表格默认的扩展名是.xlsx，Word 模板文件默认的扩展名是.dotx，Word 文档默认的扩展名是.docx。故答案为 A。

## 基础练习

1．在制作文档之前我们首先应该（　　　）。

　　A．确定文件名　　　　　　B．确定读者对象

　　C．明确文档制作思路　　　D．确定内容呈现方式

2．在（　　　）状态下才可以输入文字。

　　A．编辑　　　　　　　　B．呈现

　　C．浏览　　　　　　　　D．预览

3．选择文本的方法有多种，包括字词、文本块，以及（　　　）。

　　A．一个段落　　　　　　B．多个段落

　　C．整篇文档　　　　　　D．以上都是

4. 当文字到达一行的最右端，输入的文本（　　）跳转到下一行。
   A．自动　　　　　　　　B．需手动
   C．不会　　　　　　　　D．以上都不是

5. 可以通过单击快速访问工具栏中的（　　）按钮保存文档。
   A．保存　　　　　　　　B．另存为
   C．文件　　　　　　　　D．导出

### 提高练习

1. WPS 文字模板文件的文件扩展名为（　　）。
   A．.doc　　B．.docx　　C．.pdf　　D．.txt

2. 下列属于便携式文件格式的是（　　）。
   A．.doc　　B．.docx　　C．.pdf　　D．.txt

### 拓展练习

1. 下列（　　）文档可以跨平台保留文件原有格式。
   A．WPS　　　　　　　　B．WORD
   C．PDF　　　　　　　　D．DOCX

2. WPS 中默认文档保存格式的文件扩展名是（　　）。
   A．.wps　　B．.docx　　C．.pdf　　D．.txt

## 任务3　保护文档

### 学习重点

1. 文档加密和文档保护；
2. 打印文档。

### 知识梳理

1. 文档合并：在"审阅"选项卡→"比较"组中，单击"比较"下拉按钮，在下拉列表

中选择"合并"选项，打开_____对话框。选择需要合并的文档，单击"确定"按钮，创建合并的文档。

2．文档信息保护：设置文档密码时，单击"文件"→"另存为"命令，打开对话框后，单击"工具"按钮，选择_____命令，打开"常规选项"对话框，在"打开文件时的密码"文本框中输入密码，密码需要区分_____。

3．在打印文档之前，可以先进行_____，查看文档的排版设置情况。

## 例题解析

1．WPS 文字中对文档的保护，下列方法正确的是（　　）。

  A．标记为最终状态

  B．用密码进行加密

  C．限制编辑或按人员限制权限

  D．添加数字签名

**解析**：以上方法都可以实现对文档的保护。故答案为 ABCD。

2．在使用 WPS 文字进行文字编辑时，下列说法不正确的是（　　）。

  A．WPS 文字可将正编辑的文档另存为一个纯文本（TXT）文件

  B．使用"文件"菜单中的"打开"命令，可以打开一个已存在的 WPS 文档

  C．打印预览时，打印机必须是已经开启的

  D．WPS 文字允许同时打开多个文档

**解析**：WPS 文字中的排版效果在屏幕上即时可见，屏幕所见即为在打印机上打印的结果。所以打印预览时，打印机不必是已经开启的。故答案为 C。

## 基础练习

1．限制编辑包括设置（　　）限制和（　　）限制。

  A．格式化　自定义　　　　　　B．格式化　编辑

  C．自定义　编辑　　　　　　　D．应用样式　格式化

2．（　　）包括是否允许对文档进行修改、批注还是不允许进行任何改变。

  A．格式化限制　　　　　　　　B．编辑限制

  C．自定义限制　　　　　　　　D．样式限制

3. 加密文档的密码不区分大小写。此说法（    ）。

   A．正确　　　　　　　　　　B．错误

4. 在打印时如果发现文档存在错误可以取消正在进行的打印操作。此说法（    ）。

   A．正确　　　　　　　　　　B．错误

### 提高练习

1. 设置文件密码时，输入的密码在文本框中显示为（    ）。

   A．!　　　　　　　　　　　B．#

   C．*　　　　　　　　　　　D．&

2. 若要删除打开文档的密码，在"文件加密"对话框中将打开文件时的密码设置为（    ）即可。

   A．*　　　　B．空格　　　　C．无　　　　D．@

3. 如果文档允许查看，但不允许对文档的内容进行修改，可以设置文档修改时的密码。此说法（    ）。

   A．正确　　　　　　　　　　B．错误

4. 将修改后的文档保存时，不能以同一名字存盘，必须重命名。此说法（    ）。

   A．正确　　　　　　　　　　B．错误

### 拓展练习

1. 在打印之前，可以打开（    ）对话框进行详细的打印设置。

   A．常规与保存　　　　　　　B．设置

   C．打印预览　　　　　　　　D．页面设置

2. 操作题：新建一个文档，保存为"保密文件"，给文档设置打开文件密码"@123456"和修改文件密码"123456@"。

## 3.2 设置文档格式

**学习要求**

1. 会设置文字、段落和页面格式；
2. 能使用样式，进行文本格式的快捷设置。

# 任务 1　设置文本格式

## 学习重点

1. 文字字体、字号、颜色等的设置；
2. 字符底纹、字符边框、背景颜色等的设置。

## 知识梳理

1. 一篇文档包括______和______两大部分。
2. 字符格式的设置通常包括______、______和____________的设置。
3. 要设置文本格式，可选择______选项卡中______组，打开“字体”对话框。
4. 要给文字添加字符边框，可以通过“开始”选项卡中的 wén文 下拉列表单击_________按钮添加边框。
5. 要给文字添加字符底纹，可以通过“开始”选项卡中的字体组单击_________按钮添加字符底纹。
6. 要设置背景色、样式等，可以通过_______________对话框进行设置。

## 例题解析

1. WPS 文字中，要使文字看上去像用荧光笔做了标记一样，可以通过（　　）命令实现。

　　A. 将文字设置成带圈文字　　　B. 更改文字颜色

　　C. 设置字符底纹　　　　　　　D. 设置突出显示

**解析：**将文字设置带圈文字的效果是㊀文㊀字，更改文字的颜色的效果是文字，设置字符底纹的效果是文字，设置突出显示的效果是文字。故答案为 D。

2. 下列方法，能变更文字的字号大小的是（　　）。

　　A. 通过“开始”选项卡功能区中的“字号”按钮更改

　　B. 调整 WPS 状态栏中的显示比例大小

　　C. 选择要变更的文字，按 Ctrl+（或 Ctrl+）组合键来更改

　　D. 通过“字体”对话框更改

**解析：**除了 A，其他选项均无法实现字号的调节。故答案为 A。

## 基础练习

1. 在 WPS 文字中，使用（　　）可以设置已选文字的文字边框。

    A．"开始"选项卡→下拉列表的字符边框

    B．"开始"选项卡→段落组中的字符边框

    C．"插入"选项卡→样式组中的字符边框

    D．"审阅"选项卡→修订组中的字符边框

2. 要改变字体，第一步应该是（　　）。

    A．选定将要改变成何种字体　　B．选定原来的字体

    C．选定要改变字体的文字　　　D．选定文字的大小

3. 要给选定文字添加着重号，通过选择（　　）的着重号选项完成。

    A．"字体"对话框　　　　　　B．"样式"对话框

    C．"修订"对话框　　　　　　D．"页面设置"对话框

4. 添加底纹：选择要添加底纹的文字，在"字体"组中单击（　　）按钮。

    A．字符边框　　　　　　　　B．字符底纹

    C．边框与底纹　　　　　　　D．文本效果

5. 底纹可以应用于文字和（　　）。

    A．文档　　　　　　　　　　B．段落

    C．部分　　　　　　　　　　D．全篇

6. "开始"选项卡→字体组中的 B、I、U，代表字符的粗体、（　　）、下画线标记。

    A．倾斜　　　　　　　　　　B．斜体

    C．加粗　　　　　　　　　　D．双下画线

## 提高练习

1. 在 WPS 文字中，丰富的特殊符号是通过（　　）输入的。

    A．"插入"选项卡→符号组中的"符号"按钮

    B．专门的符号按钮

    C．"布局"选项卡的"符号"命令

    D．"文件"菜单下相应的"符号"命令

2．设置文字间距紧缩 1 磅，可以通过执行（　　）菜单命令来实现。

A．开始→字体→"字体"对话框→字符间距

B．文件→打开

C．开始→段落→"段落"对话框

D．设计→文档格式→字体

3．首字下沉可以通过执行（　　）菜单命令来实现。

A．"段落"→"首字下沉"　　　　B．"开始"→"字体"

C．"布局"→"分栏"　　　　　　D．"开始"→"段落"

4．操作题

打开素材 3.2.1 文档，并进行如下设置：

（1）设置标题文字"荷塘月色"的字体格式：黑体、二号、倾斜、居中；

（2）设置正文字体格式：宋体、四号。

### 拓展练习

1．若要输入 $y$ 的 $x$ 次方，应（　　）。

A．将 $x$ 改为小号字

B．将 $y$ 改为大号字

C．选定 $x$，然后设置其字体格式为上标

D．以上说法都不正确

## 任务 2　设置段落格式

### 学习重点

1．段落对齐方式、边框、底纹的设置；

2．段落间距、缩进的设置。

### 知识梳理

1．段落对齐方式主要包括：左对齐、居中、_____、_____和_____。

2．段落缩进方式主要包括：_____、_____、左缩进和右缩进。

3．要设置段落格式，可以选择"开始"选项卡→_____组，打开"段落"对话框。

## 例题解析

1. 段落格式的排版可以通过执行菜单命令（　　）进行设置。

　　A．"开始"→"字体"　　　　　B．"开始"→"段落"

　　C．"布局"→"选项"　　　　　D．"文件"→"打开"

**解析**：段落的排版可以通过打开"段落"对话框来实现设置，既可以通过"开始"选项卡中的段落组实现设置，也可以通过"布局"选项卡中的段落组实现设置。故答案为 B。

2. 在 WPS 文字的编辑状态下，光标在文档中，没有对文档进行任何选取，设置 2 倍行距后，结果将是（　　）。

　　A．全部文档没有任何改变

　　B．全部文档按 2 倍行距格式化

　　C．光标所在段落按 2 倍行距格式化

　　D．光标所在行按 2 倍行距格式化

**解析**：在设置 2 倍行距时，如果选中全篇或者部分文档，那么就是全篇文档或者部分文档所在段落设置为 2 倍行距，如果没有选中任何文字，那么会将光标所在段落设为 2 倍行距。故答案为 C。

## 基础练习

1. 在文字编辑软件中，使用（　　）可以设置已选段落的边框和底纹。

　　A．"字体"组中的"字体"对话框

　　B．"段落"组中的"段落"对话框

　　C．"段落"组中"边框"下拉列表中的"边框和底纹"命令

　　D．"视图"选项卡中的"边框和底纹"命令

2. 在左右边距之间均匀分布文本的对齐方式是（　　）。

　　A．左对齐　　B．右对齐　　C．两端对齐　　D．分散对齐

3. 选择一个段落并设置段落的首行缩进为 1 厘米，则（　　）。

　　A．文档中各段落的首行由"首行缩进"确定位置

　　B．该段落的首行起始位置距页面的左边距 1 厘米

　　C．该段落的首行起始位置距段落的"左缩进"位置的右边 1 厘米

　　D．该段落的首行起始位置在段落"左缩进"位置的左边 1 厘米

4. 悬挂缩进指段落中除（　　）外，其余各行相对缩进，形成悬挂效果。

　　A．第一行　　B．第二行　　C．最后一行　　D．第一段

5. 首行缩进指段落中（　　）相对页边距缩进。
   A．第一行　　B．第二行　　C．最后一行　　D．第一段

6. 首行缩进通常缩进（　　）个字符。
   A．1　　　　B．2　　　　C．3　　　　D．4

7. 在"段落"对话框的间距组中可以设置段前间距和段后间距。此说法（　　）。
   A．正确　　　　　　　　B．错误

8. 在"段落"对话框的"行距"下拉列表中可以选择"3 倍行距"。此说法（　　）。
   A．正确　　　　　　　　B．错误

## 提高练习

1. 在建立一个新文档时，默认的文档段落对齐方式是（　　）。
   A．居中　　　　　　　　B．右对齐
   C．两端对齐　　　　　　D．左对齐

2. 两端对齐与分散对齐的区别仅表现在（　　）。
   A．第一行　　　　　　　B．第一段
   C．最后一行　　　　　　D．最后一段

## 拓展练习

1. 通过"显示/隐藏编辑标记"来显示或隐藏段落标记和其他格式符号。此说法（　　）。
   A．正确　　　　　　　　B．错误

2. 通过"边框与底纹"中的（　　）给整个页面设置边框。
   A．页面边框　　　　　　B．边框
   C．字符边框　　　　　　B．整体边框

3. 操作题

打开素材 3.2.2 文档，并进行如下设置：

（1）全文段落格式为：段前 0.5 行、段后 0.5 行，行距为 1.5 倍行距；

（2）全文设置首行缩进 2 个字符；

（3）第二段添加边框。

## 任务3　设置页面格式

### 学习重点

页面格式的设置。

### 知识梳理

1．通过"页面布局"对话框可设置页边距，包括上、下、＿＿、＿＿四个方向。

2．在"纸张方向"组中，默认为＿＿＿＿＿输出，一般默认的纸张大小为＿＿＿＿＿。

3．插入页眉和页脚，通常在＿＿＿＿＿选项卡→＿＿＿＿＿＿＿＿＿组中进行操作。

4．在页眉和页脚中可以插入标题、logo、＿＿＿＿＿＿＿、＿＿＿＿＿及图片对象等。

5．在应用某个样式时，能够同时应用该样式中所有的＿＿＿＿＿＿＿＿。

6．如果内置的样式不能满足需求，可以＿＿＿＿＿＿样式，还可以＿＿＿＿＿＿已有的样式。

7．在文档编排中应用样式，不仅能提高工作效率，而且能够使文档＿＿＿＿＿＿＿。

8．文字间距通过在"字体"对话框的"字符间距"选项卡中设置文字之间的＿＿＿＿＿、＿＿＿＿＿＿、＿＿＿＿＿＿＿＿等实现。

9．项目符号是添加在文本前的点或其他符号，相同的项目符号具有＿＿＿＿＿关系。

10．如果文档多个段落应用了项目编号，当重新排列或删除部分编号后，系统将＿＿＿＿＿＿＿编号序号。

11．如果要对文档中间的一段文本进行单独排版设置，需要插入＿＿个＿＿＿＿＿符。

### 例题解析

1．下列关于分栏的说法，正确的是（　　）。

　　A．最多可分三栏

　　B．栏间距是固定不变的

　　C．各栏的宽度必须相同

　　D．各栏的宽度可以不同

**解析**：文档的分栏数量纵向最多可以分11栏，当分栏数目不同，栏间距也不一样，可以偏右或偏左分栏，所以各栏的宽度也是不一样的。故答案为D。

2. 在 WPS 文字中，下列关于设置页边距的说法，错误的是（　　）。

　　A．页边距的设置只影响当前页

　　B．用户可以使用"页面设置"对话框来设置页边距

　　C．用户可以使用标尺来调整页边距

　　D．用户既可以设置左、右边距，又可以设置上、下边距

解析：如果不是专门的设置，页边距的设置一般针对全部页面。故答案为 A。

3. 在文档中添加的项目符号可以是（　　）。

　　A．字符　　　B．图片　　　C．文字　　　D．以上都是

解析：打开定义新项目符号，在打开的对话框中可以看到，项目符号的来源可以是字符、图片、文字。故答案为 D。

4. 在插入选项卡页面组中，单击空白页按钮，会自动添加两个（　　）。

　　A．分隔符　　　B．分页符　　　C．下一栏　　　D．下一页

解析：添加空白页会自动添加两个分页符，就是上下做一个隔断，可以打开显示/隐藏标记看到分页符标记。故答案为 B。

### 基础练习

1. 下列不在页边距设置范围内的是（　　）。

　　A．上　　　B．左　　　C．前　　　D．装订线

2. 在"纸张方向"组中，默认为（　　）输出。

　　A．纵向　　　B．横向　　　C．向前　　　D．以上都错

3. 纸张大小一般默认为（　　）纸张。

　　A．A4　　　B．A3　　　C．B2　　　D．16 开

4. 下列不能插入页眉和页脚内容的是（　　）。

　　A．文字　　　　　　　　B．图片

　　C．页码　　　　　　　　D．视频

5. 在文档中每一页都需要出现的内容应当放到（　　）中。

　　A．对象　　　　　　　　B．页眉与页脚

　　C．文本　　　　　　　　D．文本框

6. 如果已经有页眉或页脚，再次进入页眉页脚区时，只需要双击（　　）。

　　A．页眉页脚区　　　　　B．工具栏区

　　C．文本区　　　　　　　D．菜单区

7. 在WPS文字的文档中要插入页眉,应该执行的菜单命令是（　　）。
   A．"文件"→"页面设置"　　　B．"插入"→"页眉和页脚"
   C．"格式"→"页眉和页脚"　　D．"视图"→"页眉和页脚"

8. 下列选项中,不是"页面设置"对话框中包含的选项卡是（　　）。
   A．页边距　　　　　　　　　B．纸张
   C．版式　　　　　　　　　　D．对齐方式

9. （　　）是各种字符格式和段落格式等组合设置。
   A．格式　　　　　　　　　　B．样式
   C．集合　　　　　　　　　　D．类型

10. 在"开始"选项卡的"样式"组中,单击（　　）下拉菜单,打开"样式"窗格,出现内置样式列表。
    A．格式　　　　　　　　　　B．样式和格式
    C．内置　　　　　　　　　　D．类型

11. 下列关于在WPS文字文档中创建项目符号,正确的方法是（　　）。
    A．不需选择文本就可以创建项目符号
    B．以段为单位创建项目符号
    C．以节为单位创建项目符号
    D．以选中的文本为单位创建项目符号

12. 在"后续段落样式"下拉列表中用于决定下一段落选取的样式,这样的选项仅适用于（　　）。
    A．文字　　B．段落　　C．文档　　D．数字

13. 字符间距通常用（　　）来表示。
    A．厘米　　B．字符　　C．磅　　D．%

## 提高练习

1. 下列关于页眉和页脚的说法,不正确的是（　　）。
   A．只要将"奇偶页不同"这个复选框选中,就可在文档的奇、偶页中插入不同的页眉和页脚内容
   B．在输入页眉和页脚内容时还可以在每一页中插入页码
   C．可以将每一页的页眉和页脚的内容设置成相同的内容
   D．插入页码时必须每一页都要输入页码

2．如果多个段落应用了项目编号，按回车键（　　）项目编号。

　　A．需手动添加　　　　　　　　B．系统自动添加

　　C．不能添加　　　　　　　　　D．以上都错

3．插入分节符或分页符，可以通过（　　）菜单进行操作。

　　A．"格式"→"段落"　　　　　　B．"格式"→"制表位"

　　C．"页面布局"→"分隔符"　　　D．"文件"→"选项"

4．分节符中（　　）选项的含义是：插入分节符，生成分页，并从插入分节符后的页开始新的节。

　　A．下一页　　B．连续　　C．偶数页　　D．奇数页

5．在 WPS 文字中，分隔符下拉菜单不具备的选项是（　　）。

　　A．分页符　　B．分栏符　　C．分节符　　D．分章符

### 拓展练习

1．在文档中插入水印的方法是（　　）。

　　A．设计→页面设置→水印　　　B．布局→页面设置

　　C．视图→水印　　　　　　　　D．插入→水印

2．如果要对文档中间的一段文本单独排版设置，需要先在该段文本（　　）插入分节符，然后在该段文本（　　）插入分节符，最后对该段落进行页面设置。

　　A．之前　　之后　　　　　　　B．第一句　　最后一句

　　C．第一行　　最后一行　　　　D．任意点　　下一行

3．操作题

打开素材 3.2.3 文档，并进行如下设置：

（1）设置页面大小为：A4 纸、横向，左右边距为 2.8 厘米；

（2）插入页眉，文字内容为"荷塘月色"；

（3）添加水印效果：水印文本为"朱自清"，其余默认。

## 3.3 制作表格

> **学习要求**
>
> 1．会选用适用软件或工具制作不同类型的表格并设置格式；
> 2．会进行文本与表格的相互转换。

## 任务1　新建表格

### 学习重点

1. 快速创建表格；
2. 手工绘制表格。

### 知识梳理

1. 表格在行列交汇处的方格称为_____。

2. 创建表格的方法有：_____、_____、_____。

3. 快速创建表格就是使用内置的_____创建模板。

4. 手工绘制表格，适用于_____的表格。对于多余的表格线，使用_____按钮将其删除。

### 例题解析

在 WPS 文字表格中，按（　　）键可以将光标移到下一个单元格。

  A．【Shift】+【Enter】    B．【Alt】

  C．【Tab】        D．【Enter】

解析：A 选项是在单元格内换行，B 选项不发挥作用，C 选项移动到下一个单元格，D 选项在单元格换下一个段落。故答案为 C。

### 基础练习

1．下列操作中，不能在 WPS 文字中生成表格的是（　　）。

  A．使用绘图工具

  B．执行"表格"→"插入表格"命令

  C．执行"表格"→"绘制表格"命令

  D．选择某部分按规则生成的文本，执行"表格"→"将文本转换成表格"命令

2．通过在（　　）选项卡"表格"组中的"表格"下拉列表中的"快速表格"选项实现快速创建表格。

　　A．开始　　　　　　　　　　B．插入

　　C．设计　　　　　　　　　　D．布局

3．（　　）创建表格，适用于不规则的表格。

　　A．指定行列数　　　　　　　B．快速

　　C．手工绘制　　　　　　　　D．快速表格

4．手工绘制表格时，先选择"绘制表格"命令，再用鼠标拖动绘制一个（　　）。

　　A．圆　　　　　　　　　　　B．椭圆

　　C．矩形　　　　　　　　　　D．圆角矩形

5．在手工绘制表格时，可以使用（　　）功能擦除多余行列线条。

　　A．擦除　　　　　　　　　　B．橡皮擦

　　C．删除　　　　　　　　　　D．涂改

6．创建表格后在单元格中能输入的是（　　）。

　　A．文字　　　　　　　　　　B．图形

　　C．数字　　　　　　　　　　D．以上都是

7．在WPS文字中，不属于"插入表格"对话框中"自动调整操作"的选项是（　　）。

　　A．固定列宽　　　　　　　　B．固定行高

　　C．根据窗口调整表格　　　　D．根据内容调整表格

## 提高练习

1．通过"表格属性"选项卡的（　　）可以指定表格的行高和列宽。

　　A．行和列　　　　　　　　　B．单元格大小

　　C．对齐方式　　　　　　　　D．表格样式

2．在WPS文字中，表格拆分是指（　　）。

　　A．将原来的表格从某两列之间分为左、右两个表格

　　B．将原来的表格从某两行之间分为上、下两个表格

　　C．在表格中由用户任意指定一个区域，将其单独存为另一个表格

　　D．将原来的表格从正中间分为两个表格，其方向由用户指定

3．在WPS文字中，单元格可以拆分成多列也可以拆分成多行。此说法（　　）。

　　A．正确　　　　　　　　　　B．错误

### 拓展练习

1. 在 WPS 文字编辑状态下，选择整个表格后，按【Delete】键，则（　　）。

    A．表格中第一列被删除

    B．整个表格被删除

    C．表格中第一行被删除

    D．表格内容被删除，表格变为空表格

2. 操作题：使用 WPS 文字软件绘制一张班级同学通讯录表格。

## 任务 2　设置表格格式

### 学习重点

1. 表格的格式设置；
2. 单元格的格式设置。

### 知识梳理

1. 表格对齐方式包括_____和_____。
2. 单元格在水平方向上的对齐方式包括：_____、_____、_____。
3. 单元格在垂直方向上的对齐方式包括：_____、_____、_____。
4. 表格对齐方式包括：_____、_____、_____。
5. 表格在文档中可以设置为_____和_____两种文字环绕方式。

### 例题解析

1. 下列关于表格单元格的说法，错误的是（　　）。

    A．可以以一个单元格为范围设定字符格式

    B．单元格不是独立的格式设定范围

    C．在单元格中既可以输入文本，也可以输入图形

    D．表格中行和列相交的格称为单元格

**解析**：格式设置针对选择中的范围可以是全篇也可以是一行、一列、多行、多列、一个单元格或者多个单元格。故答案为 B。

2. 在 WPS 文字编辑状态下，要使表格的列宽都平均分布，应单击（　　）按钮。

　　A．"分布行"　　B．"分布列"　　C．"自动调整"　　D．"单元格边距"

**解析**：分布行是要行高平均分布，分布列是要列宽平均分布，自动调整有根据内容、窗口等调整选项，动态调节表格。故答案为 B。

### 基础练习

1. 单元格水平方向上的对齐方式可以在开始选项卡的（　　）组中进行设置。

　　A．字体　　　B．段落　　　C．样式　　　D．编辑器

2. 单元格垂直方向上的对齐方式可以通过快捷菜单中的（　　）命令来设置。

　　A．单元格属性　　　　　B．表格属性

　　C．文档属性　　　　　　D．编辑器

3. 下列不属于"表格属性"对话框中选项的是（　　）。

　　A．表格　　　B．单元格　　　C．可选文字　　　D．段落

4. 套用表格样式通过"设计"动态选项卡的（　　）组中的选项完成。

　　A．单元格样式　　　　　B．表格样式

　　C．文字格式　　　　　　D．背景格式

5. 要设置表格的行标题底纹，在选中指定单元格后，单击（　　）选项卡"底纹"下拉列表。

　　A．字体　　　B．段落　　　C．表格　　　D．文档

6. 在"自动套用格式"中要实现把格式中表格的边框、底纹和斜体字都取消，应（　　）。

　　A．取消"边框"选项　　　　B．取消"底纹"选项

　　C．取消"字体"选项　　　　D．以上都是

### 提高练习

1. 在 WPS 文字编辑状态下，一个表格设置为无边框，在"视图"菜单中设置"查看网格线"，则（　　）。

　　A．在普通视图中看不到表格的虚线，在打印预览时可以看见表格的虚线

　　B．在普通视图中看不到表格的虚线，在打印预览时也看不见表格的虚线

　　C．在普通视图中可以看见表格的虚线，在打印预览时也可以看见表格的虚线

　　D．在普通视图中可以看见表格的虚线，在打印预览时看不见表格的虚线

2. 在 WPS 文字编辑状态下，要使表格的行高都平均分布，应单击（　　）按钮。

  A．分布行       B．分布列

  C．自动调整      D．单元格边距

3．操作题

完成如下一张表格（外框双线型，内框单线型；第一行合并居中；第一列底纹为黄色。采用样式：浅色样式 1-强调 1），效果如下。

| 十二生肖 |||||||
|---|---|---|---|---|---|
| | | | | | |
| | | | | | |
| | | | | | |
| | | | | | |

**拓展练习**

在 WPS 文字表格中，可以实现对数据进行排列的是（　　）。

  A．可以对列数据进行排列   B．可以对行数据进行排列

  C．只能对数据进行升序排列   D．只能对数据进行降序排列

## 任务 3　文本和表格相互转换

**学习重点**

1．文本和表格相互转换。

2．文档中表格数据的计算与排序。

**知识梳理**

1．转换为表格的文本包括_____的文本段落、以_____或_____的文本。

2．文档中的表格具有数据计算功能，能够实现对表中数据进行基本的_____、_____、_____等简单计算，同时还可以对表中数据进行_____。

3．排序方式有_____和_____两种。

4．排序类型包括_____、_____、_____和_____ 4 种。

## 例题解析

1. 下列（　　）符号能用作将正文内容分隔开并转换为表格单元格内容的分隔符。

　　A．空格　　　　B．逗号　　　　C．制表　　　　D．以上都是

**解析**：在将文本转成表格时，正文内容隔断可以用空格、逗号、制表符等。故答案为D。

2. 文档表格中，常用的函数有（　　）。

　　A．SUM　　　　B．COUNT　　　C．AVERAGE　　D．以上都是

**解析**：在文档表格中用到的函数没有电子表格丰富，但是也可以完成一些简单的运算工作，如SUM（求和）、COUNT（计数）、AVERAGE（求平均值）。故答案为D。

## 基础练习

1. 文档表格中常用的函数（　　），其功能是一组数值或算式值的总和。

　　A．SUM　　　　B．ABS　　　　C．AVERAGE　　D．COUNT

2. 文档表格中常用的函数（　　），其功能是一组数值或算式值的平均值。

　　A．SUM　　　　B．ABS　　　　C．AVERAGE　　D．COUNT

3. 文档表格的排序方式有升序和（　　）两种。

　　A．降序　　　　B．减序　　　　C．增序　　　　D．降低

4. 文档表格的排序类型有拼音、笔画、数字、（　　）四种。

　　A．日期　　　　B．时间　　　　C．年份　　　　D．月份

5. 数据排序在（　　）对话框中进行设置。

　　A．数据　　　　B．排序　　　　C．公式　　　　D．表格

6. 排序时，如果关键字有并列项，先按（　　）的并列项排序，再按次要关键字排序。

　　A．相同　　　　B．不同　　　　C．第一列　　　D．以上都不是

7. 排序时，列表栏中"有标题行"选项表示对表格排序时（　　）。

　　A．包括标题行　　　　　　　　　B．不包括标题行

　　C．所有行　　　　　　　　　　　D．所有列

8. 操作题

完成如下操作要求：

（1）请将文本3.3.3内容转换成表格；

（2）设置表格第一列第三列文字的对齐方式为"居中对齐"；

（3）设置表格外框线粗细为"3磅"。

### 提高练习

1. 文档表格中常用的函数（　　），其功能是求一组数值中的最大值。
   A．MAX　　　　　　　　B．MIN
   C．INT　　　　　　　　D．COUNT

2. 文档表格中常用的函数（　　），其功能是求一组数值中的最小值。
   A．MAX　　　　　　　　B．MIN
   C．INT　　　　　　　　D．COUNT

3. 文档表格中常用的函数（　　），其功能是对数值或算式值取整数部分。
   A．MAX　　　　　　　　B．MIN
   C．INT　　　　　　　　D．COUNT

### 拓展练习

表格数据排序时，如果只对表格中部分区域数据排序，需先选中（　　）的数据区域，再进行排序设置。

A．不要排序　　　　　　B．全部
C．要排序　　　　　　　D．第一列

## 3.4 图文表混排

### 学习要求

1. 能绘制简单图形；
2. 会使用软件或工具插件绘制数学公式、图形符号、示意图、结构图、二维和三维模型等图形。

### 任务1　应用形状和艺术字

#### 学习重点

1. 简单图形的绘制和设置。

2. 艺术字的设置。

## 知识梳理

1. 文档中插入图形时，在"插入"选项卡_____组中单击_____按钮。

2. 在文档的"插入"选项卡图片组中，单击_____按钮，可以打开艺术字样式列表。

3. 使用艺术字时，当切换到"格式"动态选项卡时，可进一步设置，包括_____、_____、_____等。

4. 在文档的"插入"选项卡中，单击_____按钮，选择"矩形"形状，按下左键并拖动，即可绘制"矩形"形状。

5. 在文档的形状格式动态选项卡中，单击_____按钮，即可给形状填颜色。

6. 在文档的形状格式动态选项卡中，利用_____列表下拉，可以设置"阴影"效果。

## 例题解析

下列关于艺术字的说法，错误的是（　　）。

　A．可选择文档中的文字并将其设置成艺术字
　B．艺术字可以浮于文字上方
　C．艺术字可以设置为任何一种文字环绕方式
　D．艺术字一旦设置，就无法更改内容

**解析**：艺术字设置完成以后，可以通过双击该艺术字重新更改内容。故答案为 D。

## 基础练习

1. 文档中插入图形时，在"插入"选项卡（　　）组中单击"形状"按钮。
　A．插图　　　B．媒体　　　C．符号　　　D．页面

2. 在"插入"选项卡文本组中，单击（　　）按钮，打开艺术字样式列表。
　A．文字　　　B．艺术字　　C．形状　　　D．图形

3. 点选艺术字后切换到"格式"动态选项卡，下列不可设置的是（　　）。
　A．形状样式　　　　　　B．艺术字样
　C．排列方式　　　　　　D．图形

4．调整图形的层次，可以通过（　　）组中上移一层、下移一层进行调整。

　　A．形状样式　　　　　　　　B．艺术字样

　　C．排列　　　　　　　　　　D．图形

5．要将形状置于文档中间，可以通过"形状格式"动态选项卡"排列"组中的（　　）列表中的选项完成设置。

　　A．形状样式　　　　　　　　B．艺术字样

　　C．环绕文字　　　　　　　　D．图形

6．可以在图形中添加文字。此说法（　　）。

　　A．正确　　　　　　　　　　B．错误

### 提高练习

1．在"形状格式"动态选项卡排列组中，"旋转"下拉列表不包括（　　）。

　　A．向右旋转 90°　　　　　　B．向左旋转 90°

　　C．垂直旋转　　　　　　　　D．水平旋转 180°

2．在"形状格式"动态选项卡排列组中，"环绕文字"不包括（　　）。

　　A．嵌入型　　　　　　　　　B．四周型

　　C．上下型环绕　　　　　　　D．左右型环绕

3．在图形中添加文字，如果移动图形，则图形中的文字跟着一起移动。此说法（　　）。

　　A．正确　　　　　　　　　　B．错误

### 拓展练习

将两个图形组合在一起，通过"形状格式"动态选项卡排列组中的（　　）命令实现。

　　A．位置　　　　　　　　　　B．对齐

　　C．组合　　　　　　　　　　D．旋转

## 任务 2　绘制智能图形

### 学习重点

使用软件或工具插件绘制数学公式、图形符号、示意图、结构图、二维和三维模型等

图形。

### 知识梳理

1．智能图形是_____和_____的视觉表示形式。

2．智能图形中列表图的用途是用于表示_____信息或者_____信息。

3．在文档中插入智能图形后，系统采用默认的颜色显示，可以对其_____、_____和_____等进行设置。

### 例题解析

WPS 文字中的（　　）工具，使用它可以很方便地制作漂亮的演示流程图、循环图、层次结构图等。

　　A．水印　　　　　　　　B．SmartArt

　　C．公式　　　　　　　　D．艺术字

**解析**：WPS 文字中有 SmartArt 工具，使用 SmartArt 可以很方便地制作各类演示流程图、循环图、层次结构图、矩阵图等。故答案为 B。

### 基础练习

1．智能图形是信息和（　　）的视觉表示形式。

　　A．观点　　　　　　　　B．图形

　　C．形状　　　　　　　　D．理念

2．在（　　）选项卡中，可以找到"智能图形"按钮。

　　A．插入　　　　　　　　B．引用

　　C．审阅　　　　　　　　D．视图

3．在选择智能图形后，单击（　　），改变颜色。

　　A．样式　　　　　　　　B．更改颜色

　　C．插图　　　　　　　　D．版式

### 提高练习

1. 插入智能图形后，可以对其（　　）进行设置。
   A．颜色　　　　　　　　　　B．文本显示
   C．形状样式　　　　　　　　D．以上都是
2. 通过"设计"和"格式"选项卡对插入的智能图形进行编辑。此说法（　　）。
   A．正确　　　　　　　　　　B．错误

### 拓展练习

操作题：尝试在 WPS 文字软件中绘制一张信息技术素养图（建议使用智能图形）。

## 任务 3　图文表编排

### 学习重点

1. 图文版式设计基本规范；
2. 文、图、表的混合排版；
3. 排版的美化。

### 知识梳理

1. 插入图片的方法，除了"复制""粘贴"操作，还可以在"插入"选项卡_____组中，通过"图片"按钮插入图片。
2. 文档插入图片后，通过"格式"动态选项卡_____组可以对图片的颜色、透明度等进行调整。
3. 在"格式"动态选项卡_____组可以选择要设置的图片样式。
4. 在文本框中可以放置_____或_____等。
5. _____或_____文本框是指文字在文本框中的排列方式是横排或竖排。
6. 在文档中要插入的公式是内置的公式，可以直接使用_____。
7. 思维导图是表达_____的有效图形思维工具。
8. 微软公司的"画图 3D"工具软件，可以制作 2D 作品及从所有角度均可操作的_____。

## 例题解析

1. 在 WPS 文字文档中，插入一个图片后，出现了一大半的图片无法显示的现象，这是因为（　　）造成的。

   A．WPS 文字不支持该图片格式

   B．该段落的行距设置成了"固定值"

   C．该段落的行距设置成了"最小值"

   D．图片置于文档中的格式不正确

解析：如果是不支持图片格式会无法插入，而不是部分显示；将段落的行距设置成固定值以后，插入的图片只能展示固定行距内容，故只能显示一部分，解决方式是改变行距或者改变图片的环绕方式。故答案为 B。

2. 在 WPS 文字中不能对插入的图片或剪贴画进行（　　）操作。

   A．移动　　　　　　　　B．调整大小

   C．调整图片背景颜色　　D．设置文字环绕方式

解析：由于 WPS 文字可以对图片实现简单的编辑如删除背景、校正亮度对比度、设置艺术效果、透明度等，但是不能改变图片中的内容。故答案为 C。

## 基础练习

1. 在文档中，下列不能插入图片的方法是（　　）。

   A．复制　　　　　　　　B．粘贴

   C．链接　　　　　　　　D．图片按钮

2. 调整图片选项中的（　　）选项是删除图片中不需要的部分。删除或保留部分可以标记出来。

   A．删除背景　B．校正　　C．颜色　　D．压缩图片

3. 调整图片选项中的（　　）选项是对图片进行压缩，压缩后会降低图片的分辨率。

   A．删除背景　B．校正　　C．颜色　　D．压缩图片

4. 在"格式"动态选项卡的（　　）组中，可以选择要设置的图片样式。

   A．删除背景　B．图片格式　C．样式　　D．图片样式

5. 要插入文本框，可以通过在"插入"选项卡"文本"组中单击（　　）按钮进行操作。

   A．文本框　　　　　　　B．文本

   C．文档部件　　　　　　D．对象

6. 横排文本框是指文字在文本框中的排列方式是（　　）。

　　A．垂直居中　　　　　　　　B．水平居中

　　C．横排　　　　　　　　　　D．竖排

7. 文档中插入文本框后，可以在"格式"选项卡中进行设置。此说法（　　）。

　　A．正确　　　　　　　　　　B．错误

8. 要在文档中插入二次公式，先切换到"插入"选项卡，单击（　　）下拉按钮，选择"二次公式"完成。

　　A．插图　　　　　　　　　　B．符号

　　C．文本　　　　　　　　　　D．公式

9. 以下不属于思维导图软件的是（　　）。

　　A．爱莫脑图　　　　　　　　B．MindMaster

　　C．iMindMap　　　　　　　　D．Flash

10. 绘制思维导图的关键是确定图形之间的层级关系。此说法（　　）。

　　A．正确　　　　　　　　　　B．错误

11. 画图 3D 软件既可以制作精美的 2D 作品，又可以制作 3D 模型。此说法（　　）。

　　A．正确　　　　　　　　　　B．错误

## 提高练习

1. 下列关于文本框的描述，错误的是（　　）。

　　A．封闭的自选图形也可以变为文本框，从而输入文字

　　B．文本框可以放置在文档中，但不能放在页眉和页脚上

　　C．文本框内既可以输入文字，又可以插入图片，还可以绘制图形

　　D．文本框具有图形对象的属性

2. WPS 文字文档中可以插入文本框，文本框的内容能单独进行排版，不影响文档的其他内容。此说法（　　）。

　　A．正确　　　　　　　　　　B．错误

3. 画图 3D 可以将文件保存为图像、（　　）等格式。

　　A．二维图形　　　　　　　　B．3D 模型

　　C．文本　　　　　　　　　　D．矢量图形

4. 可以将 3D 模型复制并粘贴到其他文档中。此说法（　　）。

　　A．正确　　　　　　　　　　B．错误

### 拓展练习

1. 操作题：使用思维导图软件绘制一个本人专业发展的思维导图。

2. 给图片去除背景，可通过"图片格式"动态选项卡（　　）组中的"删除背景"命令完成。

  A．图片样式  B．排列  C．调整  D．大小

3. 综合操作题

打开素材 3.4.3 文档，并进行如下设置。

（1）纸张设置为 A4 纸，纵向，上下左右边距均为 3 厘米，装订线位置设在"上"方。

（2）设置标题文字"计算机"字体格式：黑体，三号，加粗，居中对齐，加着重号。

（3）设置正文段落格式：行距为固定值 20 磅，段前 1 行、段后 0.5 行，首行缩进 2 字符。

（4）将正文第 2 段（由硬件系统和软件…）等分两栏，有分隔线。

（5）将正文第 3 段中的第 1 句设为"红色、加粗、加双下划线"。

（6）按以下要求对图片进行处理：

  图片边框：设置图片边框颜色为"绿色"，粗细"1.5 磅"；

  阴影效果：设置图片阴影效果为"外部—居中偏移"（第 2 行第 2 个效果）；

  环绕方式：设为"浮于文字上方"。

（7）保存文档。

## 3.5 文档创编进阶

### 学习要求

1. 会使用目录、题注等文档引用工具；
2. 会应用数据表格和相应工具自动生成批量图文内容；
3. 了解图文版式设计基本规范，会进行文、图、表的混合排版和美化处理。

### 任务1　创建目录与题注

#### 学习重点

目录、题注的使用。

## 知识梳理

1．文档编制目录常用的方法是使用_____或_____。

2．在创建目录之前，应先将_____应用到要出现在目录中的标题上。

3．题注就是为文档中的图片或其他对象添加_____。

4．题注用于说明图片的_____、_____等。

5．使用_____命令即可自动更新。

## 例题解析

1．如果想自动生成目录，那么应在文档中包含（　　）样式。

　　A．页眉　　　　B．表格　　　　C．页脚　　　　D．标题

解析：只有在创建目录之前，先给标题样式应用到相应标题上，最后才能自动生成目录。故答案为 D。

2．在图片下方插入题注以后，移动图片时题注会跟随移动。此说法（　　）。

　　A．正确　　　　　　　　　B．错误

解析：图片插入题注以后，图片和题注只是放置在一起，但没有组合在一起，所以当图片移动时，题注并不会跟随移动。故答案为 B。

## 基础练习

1．在创建目录前，应先将（　　）的标题样式应用到要出现在目录的标题上。

　　A．预定义的标题样式　　　　B．自定义的标题样式

　　C．预定义的目录样式　　　　D．以上都不是

2．将插入点定位到要建立目录的位置，通常在文档的（　　）。

　　A．最前面　　B．中间　　　C．最后面　　　D．底部

3．在"引用"选项卡的"目录"组中，单击"目录"按钮，选择"自动目录 1"项目，文档按（　　）自动插入目录。

　　A．格式化　　　　　　　　B．内置格式

　　C．自定义格式　　　　　　D．预定义格式

4．将插入点放置到图片下方，在"引用"选项卡的"题注"组中，单击（　　）按钮，打开"题注"对话框。

　　A．插入脚注　　B．插入尾注　　C．插入题注　　D．插入索引

5. 删除图片和编号后，选中包含要更新题注编号的文档，右击，在打开的快捷菜单中选择（　　）命令即可自动更新。

　　A．自动更新　　B．重置　　　C．更新　　　　D．更新域

6. 插入新的题注时，题注编号会自动增加。此说法（　　）。

　　A．正确　　　　　　　　　　B．错误

### 提高练习

1. 在"内置"目录下拉列表中单击"自定义目录"选项，打开"目录"，再选择（　　）复选框，抽取出来的目录中将含有页码。

　　A．显示编码　　　　　　　　B．添加页码
　　C．显示页码　　　　　　　　D．以上都不是

2. 显示级别是指在目录中从最高级别开始显示的级别数。此说法（　　）。

　　A．正确　　　　　　　　　　B．错误

### 拓展练习

自动生成目录，最多可以自动创建（　　）级目录。

　　A．3　　　　B．6　　　　C．8　　　　D．9

## 任务2　批量生成文档

### 学习重点

邮件合并和有条件的邮件合并。

### 知识梳理

1. 在邮件合并前，先建立两个文档。一个是_____，该文档包括所有文件共有的内容；另一个是_____，包括变化信息的数据源。

2. 使用"邮件合并"功能后，用户可以将合并后的文件保存为_____，也可以_____出来，或以_____等形式发送出去。

3. 进行有条件的邮件合并，就是让_____参加邮件合并。

## 例题解析

在邮件合并时，先建立两个文档，其中数据源文档包括变化信息的数据源，该文档可以是（  ）。

    A．文本文档           B．表格文档

    C．数据库             D．以上都是

**解析**：邮件合并可以使用的数据源比较多，可以是文本、表格、数据库等，其中表格较为常用。故答案为 D。

## 基础练习

1. 在邮件合并前，需建立两个文档，其一是（  ），该文档包括所有文件共有的内容。

    A．主文档            B．数据源文件

    C．首要文件          D．第一文档

2. 在邮件合并前，需建立两个文档，其一是（  ），该文档包括变化信息的数据源。

    A．主文档            B．数据源文件

    C．首要文件          D．第一文档

3. "邮件合并"功能在（  ）选项卡中。

    A．布局             B．引用

    C．邮件             D．审阅

4. 邮件合并常用于制作（  ）格式的信封、成绩单等。

    A．不同             B．各种

    C．统一             D．两种

## 提高练习

邮件合并的两个文件作为数据源的文件可以是（  ）。

    A．文本             B．数据表

    C．表格             D．以上都是

## 拓展练习

进行有条件的邮件合并时,在"邮件"选项卡"编写和插入域"组中,单击(　　)按钮,在打开的列表中选择有关选项。

A．条件  　　　　　　　　　　B．邮件

C．规则  　　　　　　　　　　D．审阅

## 任务3　初步了解版式设计

### 学习重点

1. 图文版式设计的基本规范;
2. 版式的简单修改;
3. 使用脚注和尾注。

### 知识梳理

1. 公文版式的具体规定是幅画尺寸:_____;行页字数:每页____行,每行____字。

2. 公文版式的具体规定是页边距:上_____厘米、下_____厘米、左_____厘米、右_____厘米;行距固定值_____磅。

3. 公文版式的具体规定是字体字号:标题字体为_____、字号为_____,正文字体为_____、字号为_____,一级标题字体为_____、字号为_____,二级标题字体为_____、字号为_____。

4. 脚注一般位于页面的_____。

5. 尾注一般位于文档的_____。

6. 脚注和尾注都_____文档的正文。

7. 第一个脚注的编号自动设置为_____。

8. _____脚注标记将跳转到脚注文字的位置。

9. 文本添加脚注后,文本后显示_____。

## 例题解析

1. 公文版式中对标题字体的规定是设置为（　　）字体。

    A．宋体　　　　　　　　B．黑体

    C．小标宋　　　　　　　D．楷体

解析：公文中对于标题的字体要求比较特殊，要求设置为小标宋，在使用时注意系统是否安装该字体。故答案为C。

2. 添加尾注，系统自动将插入点定位于文档的（　　）。

    A．顶部　　　　　　　　B．中部

    C．末尾　　　　　　　　D．底端

解析：通过引用选项卡脚注组的插入位置按钮会自动到文档的末尾添加备注。故答案为C。

3. 添加脚注，系统自动将插入点定位于当前页的（　　）。

    A．顶部　　　　　　　　B．中部

    C．右侧　　　　　　　　D．底部

解析：跟尾注不同的是，脚注是添加在当前页文档的底部。故答案为D。

## 基础练习

1. 公文规定的正文字体是（　　）。

    A．小标宋　　B．仿宋　　　C．黑体　　　D．楷体

2. 公文规定的附件与正文（　　）。

    A．空一行　　B．空两行　　C．空一格　　D．空一段

3. 版式设计是一种具有个人风格和艺术特色的（　　）传达方式。

    A．书面　　　B．听觉　　　C．视觉　　　D．声音

4. 版式设计的范围包括（　　）。

    A．报纸　　　B．书籍　　　C．包装　　　D．以上都是

5. 版面的构成要素不包括（　　）。

    A．文字　　　B．图形　　　C．色彩　　　D．音频

6. 第一个脚注的编号自动设置为（　　）。

    A．0　　　　B．1　　　　C．2　　　　D．空

7. 同一段文本，插入一个脚注后，（　　）再插入一个尾注。

    A．不可以　　B．可以　　　C．自动　　　D．空

8．添加脚注后，当将鼠标放在（　　）上时，显示脚注内容。

A．文本　　　B．图形　　　C．序号　　　D．行首

9．添加脚注，可在文档中"引用"选项卡的"脚注"组中，单击（　　）按钮完成。

A．插入脚注　　　　　　　B．插入尾注

C．添加脚注　　　　　　　D．添加尾注

10．添加尾注，可在文档中"引用"选项卡的"脚注"组中，单击（　　）按钮完成。

A．插入脚注　　　　　　　B．插入尾注

C．添加脚注　　　　　　　D．添加尾注

## 提高练习

1．文档模板用于帮助用户（　　）特定类型版式文档。

A．快速生成　　　　　　　B．自定义

C．设置　　　　　　　　　D．以上都不是

2．文档模板包含固定格式设置和版式设置两种模板文件。此说法（　　）。

A．正确　　　　　　　　　B．错误

3．（　　）脚注标记将跳转到脚注文字的位置。

A．单击　　　B．双击　　　C．三击　　　D．以上都是

4．要删除脚注，可以在选中脚注后，按（　　）键即可。

A．Enter　　　B．空格　　　C．Delete　　　D．Tab

5．删除某个脚注后，系统自动对其他脚注进行重新编号。此说法（　　）。

A．正确　　　　　　　　　B．错误

## 拓展练习

1．文件编辑软件内置的文档模板有（　　）。

A．书法字帖　　　　　　　B．创意简历

C．求职信　　　　　　　　D．以上都是

2．脚注的编号格式可以设置为"壹、贰、叁、……"。此说法（　　）。

A．正确　　　　　　　　　B．错误

# 单元测试

一、单项选择题（共 15 题，每题 3 分，共 45 分）

1．WPS 文字常用于建立各类文档，如信函、简历和（　　）等。
　　A．工作报告　　B．报纸　　　　C．书籍装帧　　D．微信公众号

2．为兼容以前 WPS 文字版本而保存的文档格式，文件扩展名为（　　）。
　　A．.wps　　　　B．.docx　　　C．.pdf　　　　D．.txt

3．若要删除打开文档的密码，在"常规选项"对话框中将打开文件时的密码设置为（　　）即可。
　　A．*　　　　　B．空格　　　　C．无　　　　　D．@

4．首字下沉可以通过执行（　　）菜单命令来实现。
　A．"插入"→"首字下沉"　　　　B．"开始"→"字体"
　C．"布局"→"分栏"　　　　　　D．"开始"→"段落"

5．首行缩进通常缩进（　　）个字符。
　　A．1　　　　　B．2　　　　　C．3　　　　　D．4

6．（　　）是各种字符格式和段落格式等组合设置。
　　A．格式　　　　B．样式　　　　C．集合　　　　D．类型

7．通过"表格工具"选项卡的（　　）可以指定表格的行高和列宽。
　　A．高度和宽度　　　　　　　　B．单元格大小
　　C．对齐方式　　　　　　　　　D．表格样式

8．在 WPS 文字文档编辑状态下，要使表格的行高都平均分布，应单击（　　）按钮。
　　A．平均分布各行　　　　　　　B．分布列
　　C．自动调整　　　　　　　　　D．单元格边距

9．文档表格的排序类型有拼音、笔画、数字、（　　）四种。
　　A．日期　　　　　　　　　　　B．时间
　　C．年份　　　　　　　　　　　D．月份

10．在"形状格式"动态选项卡的"旋转"下拉列表中，不包括（　　）。
　　A．向右旋转 90°　　　　　　　B．向左旋转 90°
　　C．垂直旋转　　　　　　　　　D．水平旋转 180°

11. 在 WPS 文字的"插入"面板中，不能插入（　　）。

    A．目录　　　　　　　　B．图片

    C．形状　　　　　　　　D．分页

12. 横排文本框是指文字在文本框中的排列方式是（　　）。

    A．垂直居中　　　　　　B．水平居中

    C．横排　　　　　　　　D．竖排

13. 自动生成目录，最多可以自动创建（　　）级目录。

    A．3　　　　　　　　　B．6

    C．8　　　　　　　　　D．9

14. 公文规定的附件与正文（　　）。

    A．空一行　　　　　　　B．空两行

    C．空一格　　　　　　　D．空一段

15. "邮件合并"功能在（　　）选项卡中。

    A．布局　　　　　　　　B．引用

    C．邮件　　　　　　　　D．审阅

## 二、操作题（共 11 题，共 35 分）

打开素材"第 3 单元测试"文档，并进行如下操作。

1. 将标题字体设为黑体，小二，红色，居中，第二行"唐 王勃"左对齐。（5 分）

2. 将正文设置为段落首行缩进 2 个字符、行距固定值 20 磅。（3 分）

3. 将第一段段前距设为 1.5 行，段后距设为 0.5 行。（3 分）

4. 将第一段的"豫"首字下沉 2 行，并设置成楷体。（3 分）

5. 将第二段文字分成两栏，并加分隔线。（2 分）

6. 在页面中插入文字水印内容为"滕王阁序"，版式为"倾斜"。（3 分）

7. 将页面的左右页边距均调整为 2.18 厘米。（2 分）

8. 设置图片的高度为 3 厘米，锁定纵横比，图片的文字环绕方式为紧密型环绕并放到段落右侧。（5 分）

9. 设置页面边框为 1.5 磅的红色方框。（3 分）

10. 插入页眉"滕王阁序"并设置为楷体、三号、右对齐。（5 分）

11. 保存。（1 分）

三、是非选择题（正确的填"A"，错误的填"B"。共 10 题，每题 2 分，共 20 分）

1．不同类型的文档应选择不同的文档呈现方式。（   ）
2．如果文档允许查看，但不允许对文档内容进行修改，可以设置文档修改时的密码。
（   ）
3．在"段落"对话框的"行距"下拉列表中可以选择"3 倍行距"。（   ）
4．通过"显示/隐藏编辑标记"来显示或隐藏段落标记和其他格式符号。（   ）
5．在 WPS 文字中，单元格可以拆分成多列，也可以拆分成多行。（   ）
6．在图形中添加文字，如果移动图形，则图形中的文字跟着一起移动。（   ）
7．通过"设计"和"格式"选项卡对插入的智能图形进行编辑。（   ）
8．WPS 文字文档中可以插入文本框，文本框的内容能单独进行排版，不影响文档的其他内容。（   ）
9．脚注的编号格式可以设置为"壹、贰、叁、……"。（   ）
10．通过"显示/隐藏编辑标记"来显示或隐藏段落标记和其他格式符号。（   ）

# 第4单元 用数据说话——数据处理

◎ 单元要求

本单元旨在了解数据在生产、生活中的应用，根据业务需求选择相应的数据处理工具采集、加工与管理数据，初步掌握数据分析及可视化表达等技能。

## 4.1 采集数据

**学习要求**

1. 能列举常用数据处理软件的功能和特点；
2. 会在信息平台或文件中输入数据，会导入和引用外部数据，会利用工具软件采集、生成数据；
3. 会进行数据的类型转换及格式化处理。

### 任务1 输入数据

**学习重点**

1. 常用数据处理软件的功能和特点；
2. 在电子表格软件或信息平台中输入数据。

**知识梳理**

1. 数据是客观事物及相互关系物理状态的_____。

2. 数据按其结构可以分为＿＿＿＿＿＿＿、＿＿＿＿＿＿＿和＿＿＿＿＿＿。

3. ＿＿＿＿＿＿通常存储在电子表格或关系数据库中。

4. ＿＿＿＿＿＿＿通常存储在文件系统中。

5. ＿＿＿＿＿＿＿通常存储在专用系统中。

6. 数据采集方法中主要分为＿＿＿＿＿和＿＿＿＿＿＿两种。

7. 对结构化数据的处理通常需要借助专业的软件或平台，如＿＿＿＿＿＿、＿＿＿＿＿＿、＿＿＿＿＿＿＿等。

8. 常用的网络问卷网站有＿＿＿＿＿、腾讯问卷、金数据等，这些平台均提供了功能强大的＿＿＿＿＿＿、＿＿＿＿＿＿、＿＿＿＿＿＿等功能。

## 例题解析

对结构化数据的处理通常需要借助专业的软件或平台，包括（　　）。

A．WPS　　　　　　　　　B．Excel

C．MySQL　　　　　　　　D．以上都是

**解析**：WPS 和 Excel 是两款常用的电子表格处理软件，均提供 PC 版本与手机版本，MySQL 则是较为流行的数据库软件。故答案为 D。

## 基础练习

1. 结构化数据通常存储于（　　）中。
   A．关系数据库　　　　　B．文件系统
   C．专用系统　　　　　　D．操作系统

2. 非结构化数据通常存储于（　　）中。
   A．关系数据库　　　　　B．文件系统
   C．专用系统　　　　　　D．操作系统

3. 半结构化数据通常存储于（　　）中。
   A．关系数据库　　　　　B．文件系统
   C．专用系统　　　　　　D．操作系统

4. 把一份纸质表格手动录入到电子表格软件中，其采用（　　）方式。
   A．人工采集　　　　　　B．自动化采集
   C．系统采集　　　　　　D．以上都错

5. 通过传感系统定时采集数据并自动传输到专用平台，其采用（　　）方式。

   A．人工采集　　　　　　　B．自动化采集

   C．系统采集　　　　　　　D．以上都错

6. 下列不可用于结构化数据处理的工具是（　　）。

   A．WPS　　　　　　　　　B．Excel

   C．MySQL　　　　　　　　D．Photoshop

### 提高练习

1. 网络文件是采集数据的有效工具，目前常用的网络问卷网站有（　　）。

   A．腾讯问卷　　　　　　　B．问卷星

   C．金数据　　　　　　　　D．以上都是

2. 操作题：设计网络问卷（采集目标：班级最喜爱的科目，面向人群：本班级）。问卷包括标题、问候语、说明、答谢语，将数据导出后，用电子表格软件处理，得出结论。

### 拓展练习

添加一个新的填充序列，通过"文件"→"选项"→"高级"中的（　　）命令完成。

   A．编辑自定义列表　　　　B．使用预设列表

   C．设置自定义列表　　　　D．使用自定义列表

## 任务2　导入数据

### 学习重点

外部数据的导入。

### 知识梳理

1. 文本文件是常见的数据交换文件，有_____和_____两种基本格式。

2. 如果文本文件的内容结构化，每一行的数据用_____、_____、_____等特定的字符分隔，很容易导入软件和平台中。

3．通过_____命令可以从字处理软件、电子表格软件、浏览器等软件中复制表格数据到电子表格软件中。

4．导入数据的方法有：_____导入数据、_____引用数据。

### 例题解析

A1 的值是 3，B2 的值是 4，A2 中输入公式"=A1+B2"，复制单元格 A2 到 A3，在"选择性粘贴"对话框中选择数值，此时 A3 的内容是（　　）。

A．=A2+B3　　　　　　　　B．7
C．=A1+B2　　　　　　　　D．空

**解析**：当复制/粘贴公式时，在"选择性粘贴"对话框中各种选项的输出结果也不同，选择全部或者公式时，输出的结果是按照地址的相对位移输出公式中的地址，选择值则会直接输出数字或者文本。故答案为 B。

### 基础练习

1．文本文件中除了存储有效字符信息外，还能存储其他任何信息。此说法（　　）。

A．正确　　　　　　　　　B．错误

2．要将文本文件的内容结构化，每一行数据用（　　）等特定的字符分隔。

A．逗号　　　　　　　　　B．分号
C．空格　　　　　　　　　D．以上都是

3．通过选择性粘贴数据时，要在"选择性粘贴"对话框中，设置合适的粘贴方式。此说法（　　）。

A．正确　　　　　　　　　B．错误

4．导入数据时，通常需要对数据的完整性、正确性进行一定的查验。此说法（　　）。

A．正确　　　　　　　　　B．错误

### 提高练习

1．导入数据：单击"数据"→（　　）启动导入向导。

A．"导入数据"　　　　　　B．直接打开数据文件
C．"自动获取"　　　　　　D．"数据源设置"

2. 操作题：将素材 4.1.2.txt 导入 WPS 表格。

## 拓展练习

在 WPS 中导入其他数据：单击"数据"→（    ）启动导入向导。

A．"导入数据"  B．"自文本"
C．"自动获取"  D．"数据源设置"

## 任务3  格式化数据

### 学习重点

数据类型的转换及格式化处理。

### 知识梳理

1．通过应用不同的数字格式，可将数字以_____、_____、_____等格式呈现。

2．单元格呈现的结果由单元格中的_____、_____、_____和_____等设置决定。

3．在单元格中输入数字前可以输入符号_____，软件会把输入的数字自动作为文本处理。

4．单元格中主要用于存放_____和_____。

5．在单元格中输入数据时存在误输入的可能，通过设置_____，可以解决这一问题。

### 例题解析

当向单元格中输入"8/10"，则在单元格中的显示结果是（    ）。

A．0.8  B．8/10
C．8月10日  D．######

**解析**：当向单元格输入一个数字时，这个数字可能不会以输入时的数值形式出现在工作表中，比如，输入 8/10，表格会显示为 8 月 10 日。这是因为表格把所有的数字和日期都以数字形式进行保存，默认把 8/10 这样的分数识别为日期，在屏幕上显示时就会按日期的默认"数字格式"来显示。要改变它，就必须借助单元格数字格式的设置。故答案为 C。

## 基础练习

1. 文本类型的单元格数据不能用于求和等数值计算。此说法（　　）。
   A．正确　　　　　　　　B．错误

2. 在单元格中输入数字前可以输入（　　），软件会把输入的数字自动作为文本处理。
   A．'　　　　　　　　　B．"
   C．/　　　　　　　　　D．*

3. 在单元格的左上角呈现一个小三角，是因为该单元格的内容被当作（　　）处理。
   A．货币　　　　　　　　B．日期
   C．文本　　　　　　　　D．时间

4. 若要套用表格样式，通过"开始"→（　　）组中的下拉列表完成。
   A．字体　　　　　　　　B．表格样式
   C．单元格　　　　　　　D．编辑

5. 下列选项，（　　）不属于"单元格格式"对话框中"数字"选项卡中的内容。
   A．字体　　　　　　　　B．货币
   C．日期　　　　　　　　D．自定义

## 提高练习

1. 在表格"单元格格式"对话框中提供了（　　）种水平对齐方式。
   A．2　　　　　　　　　B．3
   C．8　　　　　　　　　D．5

2. 在表格中，如果给某单元格设置的小数位数为2，则输入100时显示（　　）。
   A．100.00　　　　　　　B．10000
   C．1　　　　　　　　　D．100

3. 在表格中，如果要改变行与行、列与列之间的顺序，应按住（　　）键不放，结合鼠标进行拖动。
   A．Ctrl　　　　　　　　B．Shift
   C．Alt　　　　　　　　D．空格

4. 在单元格中输入数据时存在误输入的可能，通过设置数据验证，可以解决这一问题。此说法（　　）。
   A．正确　　　　　　　　B．错误

### 拓展练习

1. 在 WPS 中设置表格并套用样式，通过"开始"→（　　）按钮完成。

   A．"字体"　　　　　　　　B．"样式"

   C．"表格样式"　　　　　　D．"编辑"

2. 操作题：人们将海量的信息和数据采集后，进行分拣和二次加工，可以了解和试用一款数据采集工具。

3. 操作题

打开素材 4.1.3 文件，并在 Sheet1 表中完成下列操作：

（1）将（A1:D1）合并居中，设置字体为：黑体、23 磅、加粗；

（2）对（A2:D12）选择一个套用表格格式：表样式浅色 21；

（3）A 至 D 列宽设置 20 磅，第 2~12 行行高设置为 15 磅；

（4）将 A2:D12 单元格设置黑色双实线边框；

（5）保存文档。

## 4.2 加工数据

### 学习要求

1. 理解函数、排序、筛选和分类汇总等常用数据处理方法的使用；
2. 掌握使用函数和表达式对原始数据进行运算和加工、生成新数据的方法；
3. 会对数据进行排序、筛选和分类汇总。

### 任务 1　使用公式和函数

#### 学习重点

1. 数据处理的基础知识；
2. 函数、运算表达式的使用。

#### 知识梳理

1. 公式是以_____开头，对工作表中的数据执行运算的等式。

2. 公式可以包括＿＿＿＿、＿＿＿＿、＿＿＿＿和常量。

3. 函数由＿＿＿＿、＿＿＿＿和＿＿＿＿三个部分组成。

4. 运算符分为＿＿＿＿、＿＿＿＿、＿＿＿＿、＿＿＿＿。

5. 单元格地址引用分为＿＿＿＿、＿＿＿＿、＿＿＿＿三种。

## 例题解析

1. 表格中对 A5 单元格采用绝对引用的是（    ）。

    A．A5    B．A$5
    C．$A5    D．$A$5

解析：绝对引用地址：在列号和行号前各加一个"$"符号表示单元格地址，如"A5"的绝对地址为"$A$5"，当公式复制到一个新的位置时，公式中的绝对地址不会发生变化。故答案为 D。

2. 当前工作表的第 7 行、第 4 列，其单元格地址为（    ）。

    A．74    B．D7
    C．E7    D．G4

解析：单元格是构成工作表的一个个"格子"，是表格中最小的元素。其命名规则为"列号+行号"，如"B3"表示 B 列第 3 行的单元格。故答案为 B。

## 基础练习

1. 公式是以（    ）开头对工作表中的数据执行运算的等式。

    A．+    B．*    C．=    D．-

2. 函数小括号内有多个参数时，用（    ）隔开。

    A．句号    B．等号    C．逗号    D．感叹号

3. 运算顺序是：圆括号>算术运算>关系运算>文本运算。此说法（    ）。

    A．正确    B．错误

4. 使用单元格的列号和行号表示单元格地址是（    ）。

    A．混合引用    B．相对引用
    C．绝对引用    D．以上都错

5. 在列号和行号前各加一个"$"表示单元格地址是（    ）。

    A．混合引用    B．相对引用    C．绝对引用    D．以上都错

6. 复制一个混合引用地址时，公式中前面加"$"的部分不会发生变化。此说法（　　）。

　　A．正确　　　　　　　　B．错误

### 提高练习

1. （　　）函数用于求其参数中引用值的和。

　　A．SUM　　　B．MAX　　　C．AVERAGE　　　D．ROUND

2. 求 E2 到 F2 的连续区间的和，可以采用的公式是（　　）。

　　A．=SUM(E2,F2)　　　　　B．=SUM(E2:F2)

　　C．=MAX(E2:F2)　　　　　D．=ROUND(E2,F2)

3. 在表格中，某单元格的公式为"=IF("学生">"学生会",True,False)"，其计算结果为（　　）。

　　A．真　　　B．假　　　C．学生　　　D．学生会

### 拓展练习

1. 用 RANK 函数计算 I2 到 I24 的排名，下列正确的函数公式是（　　）。

　　A．=RANK（I2,I2:I24,1）　　　B．=RANK（I2,I2,I24,1）

　　C．=RANK（I2,I$2:I$24,0）　　D．=RANK（I2,I$2:I24,0）

2. 操作题

打开素材 4.2.1 文件，并在 Sheet1 表中完成下列操作：

（1）在（E3:E12）输入每本书的销售额；

（2）按照销售额进行排名；

（3）保存文档。

## 任务2　使用排序

### 学习重点

表格数据的排序方法。

### 知识梳理

1. 在按列排序时，按照数据列表中某列数据的_____或_____进行排序。

2. 当按一个关键字排序后出现并列结果时，就需要添加若干_____，增加排序条件。

### 例题解析

表格中，"排序"对话框中的"升序"和"降序"指的是（　　）。

    A．数据的大小　　　　　　B．排列次序

    C．单元格的数目　　　　　D．以上都错

解析：对于工作表中的大量数据，经常需要按照一定的规则进行排序，最常用的排序方式就是"升序"和"降序"，例如，姓名按照拼音字母升序排序，成绩按照总分降序排序。故答案为 B。

### 基础练习

1．"排序"对话框中的"升序"和"降序"指的是（　　）。

    A．数据的大小　　　　　　B．排列次序

    C．单元格的地址　　　　　D．数据的数量

2．有关表格排序，下列说法正确的是（　　）。

    A．可按日期排序　　　　　B．可按行排序

    C．可按笔画数排序　　　　D．以上都是

### 提高练习

下列关于表格的排序功能，说法正确的有（　　）。

    A．按数值大小、字体颜色　　B．按单元格颜色

    C．按条件格式图标　　　　　D．以上都是

### 拓展练习

1．在表格中，最多可以按（　　）个关键字排序。

    A．3　　　　　　　　　　　B．8

    C．32　　　　　　　　　　　D．64

2. 文本型的数据可以按拼音排序，还可以按照（　　）排序。

   A．笔画　　　　　　　　　B．大小

   C．长短　　　　　　　　　D．以上都错

## 任务3　使用筛选

### 学习重点

表格数据的筛选方法。

### 知识梳理

1. 电子表格的数据筛选功能包括_____、_____和_____。

2. 条件区域：行与行之间的条件为____关系组合，列与列之间的条件为____关系组合。

### 例题解析

1. 要在学生信息表中筛选出年龄在16岁以上的同学，可通过（　　）完成。

   A．自动筛选　　　　　　　B．自定义筛选

   C．高级筛选　　　　　　　D．以上都是

   解析：仅仅是找出满足年龄在16岁以上这一个条件，自动筛选就可以完成，相对复杂的条件自定义筛选和高级筛选也可以完成。故答案为D。

2. 若在筛选后打印，那么只会打印筛选后的结果。此说法（　　）。

   A．正确　　　　　　　　　B．错误

   解析：电子表格的数据在经过筛选后，只显示符合条件的结果，打印也只会打印显示的部分。故答案为A。

### 基础练习

1. 要在学生成绩表中筛选出语文成绩在85分以上的同学，可通过（　　）。

   A．自动筛选　　　　　　　B．自定义筛选

   C．高级筛选　　　　　　　D．以上都是

2. 下列关于表格筛选掉的记录的说法，不正确的是（　　）。

    A．不打印　　　　　　　　　B．不显示

    C．永远丢失　　　　　　　　D．可以恢复

### 提高练习

1. 下列关于"筛选"对话框中"（前10个）"的说法，错误的是（　　）。

    A．显示的记录，用户可以自选

    B．是指显示最前面的10个记录

    C．显示的不一定是排在前面的10个记录

    D．可能显示后10个记录

2. 取消筛选后，数据表的行状态会自动恢复到筛选前的状态。此说法（　　）。

    A．正确　　　　　　　　　　B．错误

### 拓展练习

使用高级筛选时，条件区域内行与行之间是（　　）关系。

    A．与　　　　　　　　　　　B．或

    C．非　　　　　　　　　　　D．以上都错

## 任务4　使用分类汇总

### 学习重点

表格最常用的分类汇总方法。

### 知识梳理

1. 在分类汇总前需对分类字段数据进行_____，把关键字相同的行聚合在一起，再逐类对指定的字段进行_____、_____、求平均值等汇总运算。

2. _____函数用于在指定表格区域的第1列中查找指定的内容。

## 例题解析

表格中，在对某个数据库进行分类汇总前，必须（　　）。

 A．不对数据排序

 B．使用数据记录单

 C．对数据库的分类字段进行排序

 D．设置筛选条件

**解析**：在汇总前对字段数据进行排序以达到分类的目的，把关键字相同的行聚合在一起，再逐类对指定字段进行汇总运算。故答案为 C。

## 基础练习

1．表格中分类汇总的默认汇总方式是（　　）。

 A．求和　　　B．求平均值　　　C．求最大值　　　D．求最小值

2．在表格中，进行分类汇总之前，我们必须对数据清单进行（　　）。

 A．筛选　　　　　　　　B．排序

 C．建立数据库　　　　　D．有效计算

3．表格中关于分类汇总的说法，错误的是（　　）。

 A．分类汇总前必须按关键字段排序

 B．进行一次分类汇总时的关键字段只能针对一个字段

 C．分类汇总可以删除，但删除汇总后排序操作不能撤销

 D．汇总方式只能是求和

4．在进行分类汇总时，可设置的内容是（　　）。

 A．分类字段　　　　　　B．汇总方式（如求和）

 C．汇总项　　　　　　　D．以上都是

## 提高练习

1．在跨工作簿工作表单元格地址引用格式中[　　]表示（　　）。

 A．其内的名称在工作簿处有打开状态时不会显示

 B．其内为地址引用中所对应工作簿文件的名称

 C．为地址引用所对应的工作表名称

 D．为单元格引用名称

2．分级查看汇总结果，单击分级显示按钮"1"，显示分类隐藏明细。此说法（　　）。

    A．正确                  B．错误

3．综合操作题

打开素材 4.2.4 文件，并完成如下操作：

（1）在 Sheet1 表中，按照书籍的销售数量降序排序；

（2）在 Sheet1 表中，筛选出销售单价大于 35 的书籍，将其单元格填充为红色；

（3）在 Sheet2 表中，分类汇总计算每个出版社的销售数量；

（4）保存文档。

**拓展练习**

用于在表格指定区域的首列中查找指定内容，返回匹配行中指定列的内容的函数是（　　）。

    A．COUNTIFS          B．AVERAGEIFS

    C．VLOOKUP           D．SUM

## 4.3 分析数据

**学习要求**

1．能根据需求对数据进行简单分析；

2．掌握使用图表分析数据，生成直观形象的数据图表的方法；

3．掌握使用可视化工具，生成数据透视表和透视图的方法。

### 任务1 使用图表

**学习重点**

使用图表对数据进行简单分析。

## 知识梳理

1. 图表可以直观、形象地表示出_____及_____等。

2. _____用于显示一段时间内数据的变化或显示项之间的比较情况；_____用于显示随时间而变化的连续数据；_____显示一个数据系列中各项的大小与各项总和的比例。

## 例题解析

某网站就"游戏画面风格"做了一次调查。其中，46%的人喜欢中国古典风格；18%的人喜欢日韩卡通风格；16%的人喜欢欧美漫画风格；11%的人喜欢写实风格；9%的人选择其他。若用表格图表来表示上述调查结果，比较合理的是（　　）。

　　A．柱形图　　　B．饼图　　　C．折线图　　　D．雷达图

**解析**：柱形图用于显示一段时间内数据的变化或显示项之间的比较情况；饼图显示一个数据系列中各项的大小与各项总和的比例；折线图用于显示随时间而变化的连续数据；雷达图以列或行的形式排列数据。故答案为 B。

## 基础练习

1. （　　）用于显示一段时间内数据的变化或显示项之间的比较情况。

　　A．柱形图　　B．条形图　　C．折线图　　D．雷达图

2. （　　）用于显示随时间而变化的连续数据。

　　A．柱形图　　　　　　B．条形图

　　C．折线图　　　　　　D．雷达图

3. 在表格中，如何修改已创建图表的图表类型（　　）。

　　A．执行"绘图工具"区的"更改类型"命令

　　B．执行"图表工具"区"布局"选项卡下的"图表类型"命令

　　C．执行"图表工具"区"格式"选项卡下的"图表类型"命令

　　D．单击图表，执行"更改图表类型"命令

4. 在表格中，下列可用来设置和修改图表的操作有（　　）。

　　A．改变分类轴中的文字内容

　　B．改变系列图标的类型及颜色

　　C．改变背景墙的颜色

　　D．以上都是

5．建立图表后，修改工作表中的数据，图表中的图形不会随着变化。此说法（　　）。

　　A．正确　　　　　　　　　　B．错误

6．图表的类型包括（　　）。

　　A．柱形图　　　　　　　　　B．条形图

　　C．折线图　　　　　　　　　D．以上都是

### 提高练习

1．在表格中，可以将三维气泡图设置为负气泡，此说法（　　）。

　　A．正确　　　　　　　　　　B．错误

2．操作题

打开素材 4.3.1 文件，并在 Sheet1 表中完成下列操作：

（1）将图书系列和销售数量两列数据制作成分离型三维饼图，并放在 A16:G37 区域；

（2）图表标题设置为"某书店一天销售计算机类图书情况表"，显示在图表上方；

（3）图例显示在右侧；

（4）数据标签显示销售数量；

（5）保存文件。

### 拓展练习

表格中不可以插入（　　）

　　A．二维码　　　　　　　　　B．视频

　　C．图表　　　　　　　　　　D．条形码

## 任务 2　使用数据透视表和透视图

### 学习重点

1．数据透视表的使用方法；

2．数据透视图的使用方法。

## 知识梳理

1. 数据透视表是汇总、浏览和_____数据的高效工具，便于对数据进行综合分析。
2. 数据透视表可以实现对_____字段同时进行分类汇总。
3. 利用数据透视表可以实现汇总分析功能，并根据需要可以同时创建_____。

## 例题解析

数据透视表可以实现（　　）字段同时进行分类汇总。

　　A．一个　　　　　　　　B．二个

　　C．三个　　　　　　　　D．多个

**解析**：建立数据透视表可以根据需求快速调整结果的显示方式，可以实现对多个字段进行不同方式的分类汇总。故答案为D。

## 基础练习

1. 创建数据透视表时默认情况下是创建在新工作表中。此说法（　　）。

　　A．正确　　　　　　　　B．错误

2. 下列选项中不可以作为表格数据透视表的数据源的是（　　）。

　　A．WPS的数据清单或数据库

　　B．外部数据

　　C．多重合并计算数据区域

　　D．文本文件

3. 在表格数据透视表的数据区域，默认的字段汇总方式是（　　）。

　　A．平均值　　　　　　　B．乘积

　　C．求和　　　　　　　　D．最大值

4. 某电子表格文件中有3个数据表，分别是Sheet1、Sheet2、Sheet3，在Sheet1中创建的数据透视表可以放置在（　　）。

　　A．Sheet1　　　　　　　B．Sheet2

　　C．Sheet3　　　　　　　D．以上都可以

5. 建立数据透视表后，当原始数据发生变化后，执行更新数据命令后，数据透视表就自动更新数据。此说法（　　）。

　　A．正确　　　　　　　　B．错误

6. 数据透视图：图表数据的筛选功能直接在图表区域内提供设置按钮。此说法（　　）。

　　A．正确　　　　　　　　　　B．错误

### 提高练习

1. 在表格费用明细表中，列标题为"日期""部门""姓名""报销金额"等，按部门统计报销金额，有哪些方法（　　）。

　　A．分类汇总　　　　　　　　B．用 SUMIF 函数计算
　　C．用数据透视表计算汇总　　D．以上都是

2. 在一个成绩数据表中，为了查看"语文"成绩大于 80 分的记录内容，最有效的方法是（　　）。

　　A．选中相应的单元格　　　　B．采用数据透视表工具
　　C．采用数据筛选的工具　　　D．通过宏来实现

### 拓展练习

1. 通常在同一图表中，各个序列的图表类型是统一的，利用（　　）可以实现为每一序列指定独立图表类型。

　　A．组合图表　　　　　　　　B．独立图表
　　C．图表组合　　　　　　　　D．以上都错

2. 操作题：试选用一个在线数据分析平台，如 BDP 在线数据分析平台，进行数据的导入、分析和导出。

## 4.4 初识大数据

> 学习要求
>
> 1. 了解大数据的基础知识；
> 2. 了解大数据采集与分析方法；
> 3. 了解大数据的应用场景。

# 任务　了解大数据

## 学习重点

1. 大数据基础知识；
2. 大数据采集与分析的相关技术；
3. 大数据应用场景。

## 知识梳理

1. 从技术角度看，_____指的是传统数据处理应用软件不足以处理的大或复杂的数据集。

2. 大数据具有数据_____、数据_____、数据产生的_____、数据_____等特征。

3. 大数据处理流程主要是指从_____中获取需要的信息并进行加工分析得到有用知识的过程。一般包括四大步骤：_____、_____、_____及_____。

（1）数据采集与预处理，采集的数据包括_____和_____；预处理主要指_____；

（2）数据存储，需要_____和_____的支持。NoSQL泛指_____数据库；

（3）数据挖掘分为_____、预测、_____、关联规则；

（4）数据呈现，也称为数据展示或_____。

4. 大数据应用于金融服务领域、_____、_____、零售领域和_____等。

## 例题解析

1. 关于大数据特征的说法，错误的是（　　）。
   A．数据体量大　　　　　　　B．数据类型多
   C．数据价值密度高　　　　　D．数据产生的速度快

解析：大数据具有数据体量大、数据类型多、数据产生的速度快、数据价值密度低等特

征。其中数据价值密度低，指大数据蕴含着大价值，但这种价值需要通过专业的技术手段加以处理，才能发现价值。故答案为 C。

### 基础练习

1. 目前全球每年总的数据量已达（　　）级。
   A．TB              B．ZB
   C．EB              D．PB

2. 大数据的数据类型包括（　　）。
   A．结构化数据      B．半结构化数据
   C．无结构化数据    D．以上都对

3. 智能手机中相册的自动分类属于数据挖掘中的（　　）。
   A．分类            B．预测
   C．聚类            D．关联规则

4. （　　）属于数据挖掘中的预测。
   A．根据客户的网络浏览习惯推送个性化内容
   B．根据以往的气象数据预测天气
   C．购物篮分析，找出顾客购买行为模式，分析结果
   D．智能手机中的相册自动分类

### 提高练习

1. 当前社会中，最为突出的大数据环境是（　　）。
   A．互联网          B．物联网
   C．综合国力        D．自然资源

2. 大数据在医疗健康领域的应用不包括（　　）。
   A．诊疗数据        B．个人健康管理数据
   C．公共安全数据    D．健康档案数据

3. 大数据仅仅是指数据量大。此说法（　　）。
   A．正确            B．错误

4. 高德地图使用大数据进行路径规划。此说法（　　）。
   A．正确            B．错误

## 拓展练习

1. 大数据时代，数据使用的关键是（　　）。
   A．数据收集　　　　　　B．数据存储
   C．数据分析　　　　　　D．数据再利用

2. 大数据的本质是（　　）。
   A．挖掘　　　　　　　　B．联系
   C．洞察　　　　　　　　D．搜集

3. 智能健康手环的应用开发，体现了（　　）的数据采集技术的应用。
   A．统计报表　　　　　　B．网络爬虫
   C．API 接口　　　　　　D．传感器

## 单元测试

### 一、单项选择题（共 10 题，每题 4 分，共 40 分）

1. 结构化数据通常存储于（　　）中。
   A．关系数据库　　　　　B．文件系统
   C．专用系统　　　　　　D．操作系统

2. 表格在选择数据源时，（　　）无法直接打开。
   A．.mdb　　　B．.avi　　　C．.et　　　D．.xls

3. 函数小括号内有多个参数时，用（　　）隔开。
   A．句号　　　　　　　　B．等号
   C．逗号　　　　　　　　D．感叹号

4. 下列关于"自动筛选"下拉框中"（前 10 个）"的说法，正确的是（　　）。
   A．显示的记录用户可以超过 10 条
   B．是指显示最大或最小的 10 个记录
   C．显示的一定是排在前面的 10 个记录
   D．显示随机的 10 个记录

5. 在高级筛选时，条件区域内行与行之间的关系是（　　）。
   A．与　　　　　　　　　B．或
   C．非　　　　　　　　　D．以上都错

6. 表格中分类汇总的默认汇总方式是（　　）。

　　A．求和　　　　　　　　B．求平均值

　　C．求最大值　　　　　　D．求最小值

7. 在表格中，进行分类汇总之前，我们必须对数据进行（　　）。

　　A．筛选　　　　　　　　B．排序

　　C．建立数据库　　　　　D．有效计算

8. 下列函数，能在表格指定区域的首列中查找指定内容，并返回匹配行中指定列的内容的是（　　）。

　　A．COUNTIFS　　　　　　B．AVERAGEIFS

　　C．VLOOKUP　　　　　　D．SUM

9. 在一个成绩数据表中，为了查看"数学"成绩大于 90 分的记录内容，最有效的方法是（　　）。

　　A．选中相应的单元格　　B．采用数据透视表工具

　　C．采用数据筛选的工具　D．通过宏来实现

10. 大数据处理的流程是（　　）。

　　A．数据采集与预处理→数据存储→数据挖掘→数据呈现

　　B．数据挖掘→数据存储→数据采集与预处理→数据呈现

　　C．数据采集与预处理→数据挖掘→数据存储→数据呈现

　　D．数据挖掘→数据采集与预处理→数据存储→数据呈现

二、是非选择题（正确的填"A"，错误的填"B"。共10题，每题4分，共40分）

1. 文本文件中除了存储有效的字符信息外，还能存储其他任何信息。　　　　（　　）

2. 通过选择性粘贴数据时，要在"选择性粘贴"对话框中设置合适的粘贴方式。

（　　）

3. 在单元格中输入数据时存在误输入的可能，通过设置数据验证，可以解决这一问题。

（　　）

4. 通过设置"取消工作表保护时使用的密码"，不能保护工作表。　　　　　（　　）

5. 复制一个混合引用地址时，公式中前面加"$"的部分不会发生变化。　　　（　　）

6. 分级查看汇总结果，单击分级显示按钮"1"，显示分类隐藏明细。　　　（　　）

7. 创建数据透视表时默认情况下是创建在新工作表中。　　　　　　　　　（　　）

8. 建立数据透视表后，当原始数据发生变化后，执行更新数据命令后，数据透视表就自

动更新数据。 （　　）

9．百度地图使用大数据进行路径规划。 （　　）

10．文本文件可以作为表格中数据透视表的数据源。 （　　）

## 三、操作题（共 10 题，每小题 2 分，共 20 分）

在 Excel 中录入下列表格。

| 学生成绩表 ||||||
|---|---|---|---|---|---|
| 编号 | 姓名 | 语文 | 计算机 | 数学 | 总成绩 |
| 001 | 张三 | 85 | 80 | 86 | |
| 002 | 李四 | 62 | 81 | 95 | |
| 003 | 王五 | 85 | 82 | 82 | |
| 004 | 赵六 | 98 | 83 | 82 | |
| 005 | 马七 | 78 | 78 | 75 | |
| 006 | 杨八 | 85 | 85 | 82 | |
| 007 | 刘九 | 65 | 78 | 75 | |
| 008 | 张四 | 75 | 85 | 82 | |
| 009 | 李十 | 35 | 95 | 65 | |
| 010 | 王六 | 75 | 58 | 75 | |
| | 平均分 | | | | |
| | 最高分 | | | | |

按如下要求操作。

1．设置工作表行、列：标题行行高 20，其余行高为 25。

2．设置单元格。

（1）标题格式。字体：隶书；字号：22；字体颜色为蓝色；合并居中；底纹绿色。

（2）将总成绩右对齐；其他各单元格内容居中。

3．设置表格边框：外边框为双线，深蓝色；内边框为细实心框，黑色。

4．在 sheet1 工作表中计算学生总成绩、平均成绩、最高成绩。

5．创建 sheet1 工作表副本，并命名为"Sheet2"。

6．在 sheet1 工作表中按总成绩递增排序。

7．在 sheet1 工作表中筛选"语文"成绩大于"89 分"的记录。

8．在 sheet2 工作表中，以姓名和总成绩建立簇状柱形图，将该柱形图放置于（A18:F29）并将该柱形图命名为"学生成绩表"。

9．保存文件，并将其命名为"学生成绩.et"。

10．数据筛选：筛选"语文"成绩大于"89 分"的记录。

# 第 5 单元

## 感受程序魅力——程序设计入门

◎ 单元要求

本单元旨在引导学生了解程序设计的基本理念，初步掌握程序设计的方法，培养学生运用程序设计解决问题的能力。

### 5.1 初识程序设计

> 学习要求
>
> 1. 了解算法的基本概念；
> 2. 了解计算机程序的概念和基本结构；
> 3. 通过分析问题设计合理的算法，并对算法进行描述；
> 4. 了解常见主流程序设计语言的种类和特点；
> 5. 了解 Python 的基本语法，编写 Python 程序设计并进行调试运行。

#### 任务 1　认识算法

> 学习重点
>
> 1. 算法的概念与特征；
> 2. 流程图及其常用图形。

# 第 5 单元 感受程序魅力——程序设计入门

### 知识梳理

1. 算法是指按照_____解决某一问题的明确和有限的步骤，通俗来讲就是解决问题的_____和_____。

2. 算法的特征有：_____、_____、_____、_____和_____。

3. 算法可以通过_____和_____来描述。

4. 流程图一般采用美国国家标准协会（简称 ANSI）规定的一组规定的_____来表示算法。

   (1) ⬭ 符号的名称为_____，功能是_____。
   
   (2) ▱ 符号的名称为_____，功能是_____。
   
   (3) ▭ 符号的名称为_____，功能是_____。
   
   (4) ◇ 符号的名称为_____，功能是_____。
   
   (5) → 符号的名称为_____，功能是_____。

### 例题解析

下列不是流程图符号的是（    ）。

A. ▭    B. ▱    C. ◇    D. ♡

解析：▭ 的功能是算法中变量的计算与赋值，▱ 的功能是算法中变量的输入或输出，◇ 的功能是算法中的条件判断。故答案为 D。

### 基础练习

1. 算法是指（    ）。

   A. 数学的计算公式    B. 程序设计的语句序列
   C. 对问题的精确描述    D. 解决问题的精确步骤

2. 下列不属于算法的特性是（    ）。

   A. 有限性    B. 无限性
   C. 可行性    D. 确定性

3. ◇ 符号表示的功能是（    ）。

   A. 结束    B. 判断
   C. 输入    D. 输出

### 提高练习

执行下列语句后，其计算出的结果是（　　　）。

yuwen=int(77)

shuxue=int(62)

yingyu=int(71)

pingjun=(yuwen+shuxue+yingyu)/3

print(" 平均分是 ",pingjun)

A．平均分是 60.0　　　　　B．平均分是 70.0

C．平均分是 72.0　　　　　D．平均分是 68.0

### 拓展练习

操作题：已知一位学生某次考试的语文、英语、数学成绩，计算出这位同学的平均分，请用流程图描述计算平均分的算法。

## 任务 2　使用程序设计语言

### 学习重点

1．常见主流程序设计语言的种类和特点；

2．Python 的基本语法；

3．Python 程序编写及调试。

### 知识梳理

1．计算机程序就是一组计算机能够_____和_____的指令或语言的序列。

2．程序设计语言是编写计算机程序的语言，经历了从_____到_____，再到_____的发展历程。

3．高级语言可以通过_____和_____来转化为机器语言。

4．主流的设计语言有 FORTRAN、VB、C++、C#、Java、Python 等。Python 的主要特点有解释型、面向_____、_____数据类型、代码规范、_____丰富、_____、免费开源、可移植。

5．程序的基本结构有_____、_____、_____三种。

6．在 Python 中，每个变量在使用前必须赋值，变量赋值方式包括_____、_____、_____。

7．常量是指在程序运行过程中始终_____的常数、字符串等，在 Python 中，通常使用_____来表示，在使用过程中不允许修改。

8．函数是系统内部"编制"并封装好的一段_____，可以反复执行，具有函数名、_____和_____。

9．运算符也称为操作符，用于执行运算，包括_____、_____、_____、位运算符、成员运算符和身份运算符。

按优先级排序，补充下列表中 Python 的算术运算符及含义。

| 优先级 | 算术运算符 | 含义 |
| --- | --- | --- |
| 1 | | |
| 2 | | |
| 3 | | |
| 4 | | |

10．表达式是由_____、_____和_____通过运算符连接起来的有意义的式子。

11．在 Python 中，一行代码表示一条_____。

12．Python 程序注释使用"_____"，其后面的内容都会被作为注释，不会被执行。

## 例题解析

1．下列不属于程序基本结构的是（　　）。

　　A．顺序结构　　B．选择结构　　C．逻辑结构　　D．循环结构

**解析**：程序的基本结构有顺序结构、选择结构和循环结构。故答案为 C。

2．计算 2\*\*3\*2+3 的结果是（　　）。

　　A．11　　　　B．12　　　　C．16　　　　D．19

**解析**：运算符的优先级顺序为 \*\*、\*、+，所以 2\*\*3\*2+3=((2\*\*3)\*2)+3=19。故答案为 D。

### 基础练习

1. 程序设计语言的发展历程不包括（　　）阶段。
   A．机器语言　　B．汇编语言　　C．脚本语言　　D．高级语言

2. 下列不是程序设计语言的是（　　）。
   A．Java　　　B．C++　　　C．Python　　　D．Xara

3. 在 Python 的基本语法中，（　　）不能作为标识符的首字符。
   A．"A"　　　B．"b"　　　C．"_"　　　D．2

4. Python 变量名必须以字母或下划线开头，并且区分字母大小写。此说法（　　）。
   A．正确　　　　　　　　B．错误

5. Python 不允许使用关键字作为变量名，允许使用内置函数名作为变量名，但这会改变函数名的含义。此说法（　　）。
   A．正确　　　　　　　　B．错误

6. 函数是系统内部"编制"并封存好的一段（　　）。
   A．算法　　B．变量　　C．表达式　　D．程序

7. 下列运算符优先级最高的是（　　）。
   A．**　　　B．*　　　C．//　　　D．/

8. 下列关于描述"60≤x<100"表达式，正确的是（　　）。
   A．$x$>=60 and $x$<=100　　　B．$x$>=60 or $x$<100
   C．$x$>=60 and $x$<100　　　D．not $x$<60 and $x$>=100

9. 在 Python 语句中，下列表示多重赋值的是（　　）。
   A．a=5　　　　　　　　B．a=5,b=6
   C．a,b,c=2,3,4　　　　D．a=b=c=5

10. 在 Python 中，程序注释使用（　　）表示。
    A．#　　　　　　　　B．$
    C．@　　　　　　　　D．&

### 提高练习

1. 结构化程序设计的3种基本结构是（　　）。
   A．输入、处理、输出　　　B．树形、环形、星型
   C．顺序、选择、循环　　　D．主程序、函数、功能库

2. 有 2 个条件 p 和 q，只要有一个为真，结果一定为真的值是（　　）。

　　A．not p　　　B．p and q　　　C．p or q　　　D．not p and not q

3. 执行下列程序段，结果是（　　）。

&gt;&gt;&gt; world= " world "

&gt;&gt;&gt; print " hello " + world

　　A．helloworld　　　　　　　B．" hello " world

　　C．hello world　　　　　　　D．语法错误

4. 在 Python 中，不合法的语句是（　　）。

　　A．x=y=z=2　　　　　　　B．x=(y=z+2)

　　C．c+=y　　　　　　　　　D．x,y=y,x

### 拓展练习

1. Python 的开发环境是（　　）。

　　A．INPUT　　　B．PRINT　　　C．IDE　　　D．FORMAT

2. 不可以在同一台计算机上安装多个 Python 版本。此说法（　　）。

　　A．正确　　　　　　　　　　B．错误

3. 已知 x=3，那么赋值语句 x='abcedfg' 是无法正常执行的。此说法（　　）。

　　A．正确　　　　　　　　　　B．错误

4. Python 使用缩进来体现代码之间的逻辑关系。此说法（　　）。

　　A．正确　　　　　　　　　　B．错误

## 5.2 设计简单程序

**学习要求**

1. 了解程序设计的选择结构和循环结构；
2. 会设计使用选择结构和循环结构的程序；
3. 了解函数的一般概念；
4. 会设计自定义函数并进行调用。

## 任务1 使用选择结构

### 学习重点

1. 数据类型；
2. 关系运算符和逻辑运算符；
3. 选择语句及其应用。

### 知识梳理

1. Python 有 6 种标准数据类型：数字、字符串、元组、列表、集合和字典，其中_____包括整数类型、浮点类型、复数类型和布尔类型。数字、字符串和列表的数据类型、数据类型符及其说明如下表所示。

| 数据类型 | 数据类型符 | 说明 |
|---|---|---|
| 整数类型 |  |  |
| 浮点类型 |  |  |
| 复数类型 |  |  |
| 布尔类型 |  |  |
| 字符串 |  |  |
| 列表 |  |  |

2. Python 中的转义符包括：_____表示水平制表符，\n 表示_____，\r 表示_____，\" 表示双引号，\' 表示单引号，\\ 表示反斜线。

3. Python 中的逻辑运算符是对逻辑表达式进行运算，其结果是_____数据。其运算符及含义如下表所示。

| 优先级 | 运算符 | 含义 |
|---|---|---|
| 1 |  |  |
| 2 |  |  |
| 3 |  |  |

4．选择语句也称为分支语句，Python 的选择语句有 3 种结构：_____、_____、_____。各结构的基本语法及流程图如下表所示。

| 结构名称 | 基本语法 | 作用 | 流程图 |
|---|---|---|---|
| if 结构 |  | 用于单分支 |  |
| if-else 结构 |  | 用于双重分支 |  |
| elif 结构 |  | 用于多重分支 |  |

5．条件表达式的基本语法为：_____。

### 例题解析

代码解析

if score >=90:                              #如果成绩大于等于 90
    print（"成绩优秀"）
elif score >=80:                            #否则成绩是否大于等于 80
    print（"成绩良好"）
elif score >=60:                            #否则成绩是否大于等于 60
    print（"成绩合格"）
else:                                       #否则（成绩小于 60）
    print（"成绩不合格"）

### 基础练习

1．Python 不支持的数据类型有（　　）。

    A．char    B．int    C．float    D．list

2．列表的数据类型名称是（　　）。

    A．list    B．str    C．float    D．int

3．（　　）包括整数类型、浮点类型、复数类型和布尔类型。

    A．数字    B．元组    C．列表    D．集合

4．下列 Python 数据类型中，用于存储逻辑值的是（　　）。

    A．整数类型    B．浮点类型    C．复数类型    D．布尔类型

5. 下列 Python 数据类型中，用于存储小数数值的是（　　）。

  A．int          B．float

  C．complex       D．bool

6. 下列 Python 的转义符，表示换行的是（　　）。

  A．\t    B．\n    C．\r    D．\b

7. Python 中的逻辑运算符是对逻辑表达式进行运算，其结果是（　　）数据。

  A．浮点类型       B．布尔类型

  C．字符串        D．集合

8. 下列不属于 Python 选择语句的是（　　）。

  A．if 结构        B．if-else 结构

  C．elif 结构        D．case 结构

## 提高练习

1. 下列关于"a or b"的描述，错误的是（　　）。

  A．若 a=True b=True 则 a or b==True

  B．若 a=True b=False 则 a or b==True

  C．若 a=True b=True 则 a or b==False

  D．若 a=False b=False 则 a or b==False

2. 以下程序段的输出结果是（　　）。

i,j=1,5

if j<0:

  i=-1

else:

  i=0

print(i)

  A．0    B．1    C．-1    D．5

3. 下列关于 Python 中逻辑运算符的描述，不正确的是（　　）。

  A．逻辑运算符是对逻辑表达式进行运算

  B．Not 逻辑表达式表示将当前逻辑值取反

  C．逻辑与，前后表达式只要有一个为真，结果为真

  D．逻辑或，前后表达式只要有一个为真，结果为真

4. 在 Python 中，下列能实现多重分支选择的结构是（　　）。

　　A．if 结构　　　　　　　　B．if-else 结构

　　C．elif 结构　　　　　　　D．case 结构

## 拓展练习

1. 简答题：画一个流程图，完成程序读入整数 a，如果 a 为偶数，则输出"a 是偶数"；如果 a 为奇数，则输出"a 是奇数"。

2. 编程题：移动公司充值优惠活动如下：充值 200 元享受 95 折优惠，充值满 400 元享受 9 折优惠，从键盘输入充值金额，输出实际充值金额。

## 任务 2　使用循环结构

### 学习重点

1. 循环终止条件；
2. 循环结构、循环流程及其应用。

### 知识梳理

1. 循环结构是指程序在执行过程中，某一段代码被＿＿＿＿＿＿＿＿若干次，被重复执行的代码称为循环体，循环体能否继续重复，取决于循环的＿＿＿＿＿＿＿＿。

2. 赋值运算符是一种简写，常用于变量自身的变化，＿＿＿＿＿＿＿＿都有对应的赋值运算符。

3. Python 的循环语句有两种：＿＿＿＿＿＿和＿＿＿＿＿＿。

（1）while 语句常用于＿＿＿＿＿＿循环次数的循环，只能写一个＿＿＿＿＿的条件表达式。

基本语法：while <条件表达式>:
　　　　　　　<语句组>

（2）for 语句常用于＿＿＿＿＿＿循环次数的循环，执行时，迭代变量依次从序列中迭代取出相应的元素。

基本语法：for <＿＿＿＿＿> in <＿＿＿＿＿＿>:
　　　　　　　<＿＿＿＿＿＿>

4. _____语句的作用是指强制退出循环体，不再执行循环体内的语句，而 _____ 语句的作用是结束本次循环，跳过循环体未执行语句。

## 例题解析

for i in range(0,2):
　　print(i,end=" ")

上述程序的输出结果是（　　）。

　　A．0 1 2　　　B．1 2　　　C．0 1　　　D．1

解析：此题为 for 语句，其循环的初值为 0，次数为 2 次，结果是 0 1。故答案为 C。

## 基础练习

1．赋值运算符是一种简写，常用于变量自身的变化，（　　）都有对应的赋值运算符。
　　A．关系运算符　　　　　　B．逻辑运算符
　　C．算术运算符　　　　　　D．字符串

2．循环结构是指程序在执行过程中，某一段代码被（　　）的结构。
　　A．引用　　　B．重复执行　　　C．无限循环　　　D．强制执行

3．在循环结构中，循环体能否继续执行，取决于循环的（　　）。
　　A．循环次数　　　　　　B．变量初始值
　　C．语句组　　　　　　　D．终止条件

4．在 Python 的循环结构中，常用于已知循环次数的循环语句是（　　）。
　　A．while　　　　　　　B．for
　　C．break　　　　　　　D．continue

5．设有以下程序段，循环执行次数是（　　）。

i=10
while i<10:
　　i=1

　　A．10　　　　B．0　　　　C．无限次　　　D．1

6．下列语句中，可以强制退出循环体并不再执行循环体内语句的是（　　）。
　　A．break　　　　　　　B．continue
　　C．input　　　　　　　D．exit

### 提高练习

1. 下列程序输出的结果值共有（　　）个。

age=23

start=2

if age % 2 !=0:

　　start=1

for x in range(start,age+2,2):

　　print(x)

　　A．10　　　　B．16　　　　C．12　　　　D．14

2. 下列 Python 循环体执行的次数与其他不同的是（　　）。

| A. | B. | C. | D. |
| --- | --- | --- | --- |
| i=0<br>while (i<10):<br>print(i)<br>i=i+1 | i=10<br>while(i>10):<br>print(i)<br>i=i-1 | for i in range(10):<br>print(i) | for i in range(10,0,-1):<br>print(i) |

3．编程题：编写程序，找出平方数小于 100 的最大整数。

4．编程题：编写程序，计算 1 到 10 的整数和。

### 拓展练习

1．编程题：编写程序，输出九九乘法表。

2．编程题：编写程序，找出 100 以内的质数。

## 任务3　使用函数

### 学习重点

1．函数的概念；

2．自定义函数概念及调用。

### 知识梳理

1．_____是指一段封装在一起的可实现某一特定功能的程序块，具有函数名、_____

和_____。

2．在 Python 中，Python 默认提供的函数称为_____，如：print( )、float( )等。

3．用户可以自定义函数，其语法为：

　　def <_____>([参数列表])：

　　　　　　<_____>

　　　　　return [返回值]/[None]

（1）函数名必须符合_____的命名规范；

（2）函数可以_____，如果有多个参数，则参数列表之间用_____分隔；

（3）函数如果无返回数据，则函数体中可以 return None 或省略_____语句。

## 例题解析

1．下列函数名，不是有效的自定义函数名是（　　）。

　　A．_demo　　　　　　　　B．banana

　　C．print　　　　　　　　D．my-score

**解析**：函数名必须符合标识符的命名规范，由下划线、字母和数字组成，数字不能作为首字符。Print 是 Python 的内置函数名，所以不能作为自定义函数名。故答案为 C。

## 基础练习

1．函数具有（　　）。

　　A．函数名　　　　　　　　B．参数

　　C．返回值　　　　　　　　D．以上都是

2．下列函数，不属于 Python 内置函数的是（　　）。

　　A．print( )　　　　　　　B．a_input( )

　　C．input( )　　　　　　　D．float( )

3．自定义函数使用（　　）关键字。

　　A．def　　　　　　　　　　B．for

　　C．if　　　　　　　　　　D．while

4．函数返回数据使用（　　）关键字。

　　A．def　　　　　　　　　　B．for

　　C．return　　　　　　　　D．while

## 提高练习

1. 下列关于自定义函数参数的描述，不正确的是（　　）。

   A．自定义函数必须有参数

   B．自定义函数多个参数之间用","分隔

   C．函数可以无返回数据

   D．自定义函数如果无返回值，return 语句可以省略

2. 下列程序的结果为（　　）。

```
def parallelogram_area(width,height):    #定义平行四边形面积（宽，高）
    area=width*height                    #面积等于宽*高
    return area
s=parallelogram_area(2,3)
print(s)
```

   A．2　　　　B．3　　　　C．6　　　　D．5

## 拓展练习

编程题：输入一个正整数 $n$，计算 $n!$ 并输出结果。计算 $n!$ 使用自定义函数 fun($n$)。

## 5.3 运用典型算法

### 学习要求

1. 了解典型算法；
2. 会简单运用排序算法和查找算法；
3. 会使用功能库扩展程序功能。

### 任务1 运用排序算法

#### 学习重点

1. 排序与列表的概念；
2. 选择排序与插入排序的算法；

3．Python 的功能库。

## 知识梳理

1．_____是指把数据按照从小到大或从大到小的顺序进行排列。排序算法有_____、_____、冒泡排序、堆排序、归并排序等。

2．列表是 Python 最常用的序列，具有_____，可以追加、插入、删除和替换元素。

（1）创建列表可以使用_____将元素括起来，元素之间用逗号分隔；

（2）追加单个元素可以使用_____方法，追加列表，使用"+="运算符或 extend( )方法；

（3）插入元素可以使用_____方法；

（4）替换列表元素可以使用_____运算符。

（5）删除元素可以使用_____或_____的方法。

3．选择排序算法的基本思路是：每次从待排序的数据中选出_____，顺序放在之前已经排好序的数据最后，直到全部数据排序完成。

4．插入排序算法的基本思路是：每次取出一个_____的数据元素，按其大小插入到之前已经排好序的数据集中，直到全部待排序元素插入完毕。

5．Python 既有内置函数和_____，又有第三方库和工具，可用于文件读写、网络抓取和解析、数据连接、音视频处理、机器学习等，灵活运用_____，能够扩展程序功能，提高编程效率。

6．引入 Python 功能库可以使用_____命令。

## 例题解析

将 list[1,4,6,5,3,2,7]元素从小到大排列

**代码解析：**

list=[1,4,6,5,3,2,7]

for i in range(len(list)-1):

    for j in range(i+1,len(list)):

        if (list[i]>list[j]):　　　　　　　　　　　#若找到更小的数

            list[i],list[j]=list[j],list[i]　　　　#直接交换

print(list)

第 5 单元　感受程序魅力——程序设计入门

### 基础练习

1. 下列不属于排序算法的是（　　）。
   A．迭代排序　　B．插入排序　　C．选择排序　　D．冒泡排序

2. 列表是 Python 最常用的序列，具有（　　），可以追加、插入、删除和替换元素。
   A．不变性　　B．可操作性　　C．随机性　　D．可变性

3. 创建列表可以使用（　　）将元素括起来。
   A．{ }　　　　　　　　　　B．[ ]
   C．【 】　　　　　　　　　D．( )

4. 追加单个元素可以使用（　　）方法。
   A．append( )　　　　　　　B．insert( )
   C．add( )　　　　　　　　D．extend( )

5. 替换列表元素可以使用（　　）运算符。
   A．+　　　B．=　　　C．==　　　D．+=

6. （　　）排序算法的基本思路是：每一次从待排序的数据中选出最小元素，顺序放在之前已经排好序的数据最后，直到全部数据排序完成。
   A．冒泡　　B．插入　　C．堆　　D．选择

7. 运用 Python（　　），能够扩展程序功能，提高编程效率。
   A．功能库　　　　　　　　B．标准库
   C．内置函数　　　　　　　D．自定义函数

8. 在列表 n 中，元素 n[2]表示第（　　）个元素。
   A．1　　　　　　　　　　B．2
   C．3　　　　　　　　　　D．4

9. "abc"的长度是 3，"老师好"的长度是（　　）。
   A．1　　　B．3　　　C．6　　　D．9

### 提高练习

1. （　　）排序算法的基本思路是：每一次取出一个待排序的数据元素，按其大小插入到之前已经排好序的数据集中，直到全部待排序元素插入完毕。
   A．冒泡　　　　　　　　　B．插入
   C．堆　　　　　　　　　　D．选择

2．执行下面操作后，list2 的值是（　　）。

list1=['a','b','c']

list2=list1

list1.append('de')

  A．['a','b','c']       B．['a','b','c','de']

  C．['d','e','a','b','c']     D．['a','b','c','d','e']

### 拓展练习

1．下面程序的运行结果为（　　）。

 def swap(list):

   temp=list[0]

   list[0]=list[1]

   list[1]=temp

 list=[1,2]

 swap(list)

print(list)

  A．[1,2]       B．[2,1]

  C．[2,2]       D．[1,1]

2．编程题：采用插入排序算法，对某一字符列表进行降序排序。

## 任务2　运用查找算法

### 学习重点

1．顺序查找算法；

2．二分查找算法。

### 知识梳理

1．查找也是一种经常使用的算法，即根据给定的某个值，在一组数据中确定一个关键字的值＿＿＿＿＿给定值的＿＿＿＿＿或＿＿＿＿＿。

2．顺序查找也称为_____，即从数据结构线性表的一端开始，_____扫描，依次将扫描到的关键字与给定值相比较，若_____则表示查找成功。

3．二分查找法也称为_____，从数据结构的_____开始，如果中间元素正好与查找关键字相等，则查找成功；否则利用中间位置将数据分成前、后两个部分，如果中间元素_____查找关键字，则继续在_____数据中查找，否则继续在_____数据中查找。

## 例题解析

在列表 1～10 中某个数字的下标为多少？

代码解析：

```
list=[1,2,3,4,5,6,7,8,9,10]     #有序列表
i=0                             #初始查找位置为0
j=len(list)-1                   #查找元素个数
while i<=j:
    m=(i+j)/2                   #取中间值
    if list[m]=5:               #查找匹配对象
        print("所查找对象的位置下标",m)
        break
    elif list[m]>5:
        j=m-1
    else:
        i=m+1
```

## 基础练习

1．(　　)也是一种经常使用的算法，即根据给定的某个值，在一组数据中确定一个关键字的值等于给定值的记录或数据元素。

　　A．寻找　　　　　　　　　B．查找
　　C．选择　　　　　　　　　D．查询

2．下列不属于查找算法的是(　　)。

　　A．顺序查找　　　　　　　B．二分查找
　　C．二叉树查找　　　　　　D．反向查找

3. 顺序查找也称为（　　），即从数据结构线性表的一端开始，顺序扫描，依次将扫描到的关键字与给定值相比较，若相等则表示查找成功。

  A．线性查找      B．横向查找

  C．纵向查找      D．正向查找

4. 二分查找也称为（　　）。

  A．顺序查找      B．折半查找

  C．二叉树查找      D．反向查找

5. 二分查找是从数据结构的（　　）位置开始查找。

  A．第一个      B．最后一个

  C．中间      D．随机

## 提高练习

1. 下面程序运行的结果为（　　）。

```
def demo(lst,k):
    if k<len(lst):
        return lst[k:]+lst[:k]
lst=[1,2,3,4,5,6]
s=demo(lst,4)
print(s)
```

  A．[5,6,1,2,4,3]      B．[5,6,4,3,2,1]

  C．[5,6,1,2,3,4]      D．[6,5,1,2,3,4]

2. 编程题：在库存商品中查找某一编码的商品，设商品列表为"goods"。

## 拓展练习

1. 编程题：运用顺序查找算法，在学生成绩表中查找最高分和最低分。

2. 编程题：采用二分查找算法，在成绩列表 cj 中查找用户输入的成绩(cj=[50, 60, 65, 72, 75, 80, 85, 87, 90, 93, 95, 96, 98])。

# 单元测试

一、单项选择题（共15题，每题4分，共60分）

1. 在编程学习中，解决问题的精确步骤称之为（　　）。
   A．公式　　　　　　　　　B．语句
   C．描述　　　　　　　　　D．算法

2. 算法的可行性特性是指（　　）。
   A．算法必须能在执行有限个步骤之后终止
   B．执行的任何计算步骤都是可以被分解为基本的可执行的操作步骤，即每个计算步骤都可以在有限时间内完成
   C．算法的每一步骤必须有确切的定义
   D．一个算法有0个或多个输入，有一个或多个输出

3. 传统的程序流程图中，菱形符号表示的功能是（　　）。
   A．结束　　　　　　　　　B．输入或输出
   C．判断　　　　　　　　　D．开始

4. 程序设计中，根据条件是否满足（或真假）来决定程序执行分支的程序基本结构是（　　）。
   A．顺序结构　　　　　　　B．逻辑结构
   C．选择结构　　　　　　　D．循环结构

5. 在Python的基本语法中，（　　）不能作为标识符的首字符。
   A．"A"　　　　　　　　　B．"b"
   C．"+"　　　　　　　　　D．"-"

6. 在Python中，执行语句"print(25//3**2)"的结果是（　　）。
   A．16　　　　　　　　　　B．4
   C．3　　　　　　　　　　 D．2

7. 有2个条件p和q，只要两个全为真，结果才为真的值是（　　）。
   A．not p　　　　　　　　　B．p and q
   C．p or q　　　　　　　　 D．not p and not q

8. 下列关于变量 x 取值范围为(84,100], 正确的 Pythont 条件表达式是（    ）。

    A．not x<100 and x>=84　　B．x>=84 and x<100

    C．x>=84 or x<100　　D．x>=84 and x<=100

9．在 Python 中，已知语句 x=y=5 x-=y+3，执行语句 print(x)的结果是（    ）。

    A．-3　　B．3

    C．8　　D．报错

10．在 Python 中，已知 a="我爱你,中国!"，执行语句 print(len(a))的结果是（    ）。

    A．5　　B．12

    C．7　　D．报错

11．下列程序的输出结果是（    ）。

x=y=9

if x>y:

    print (x>y)

else:

    print (x<=y)

    A．9>9　　B．9<=9

    C．True　　D．False

12．下列 Python 程序的输出结果是（    ）。

for x in range(0,10,2):

    print(x,end=" ")

    A．0 2 4 6 8　　B．0 2 12

    C．0 2 4 6 8 10　　D．0 10

13．设有以下 Python 程序段，循环执行次数是（    ）。

i=10

while i>=10:

    i-=1

    A．10　　B．0

    C．无限次　　D．1

14．在 Python 编程中，可以强制退出循环体并不再执行循环体内语句的是（    ）。

    A．Input　　B．Continue

    C．Break　　D．exit

15．下列程序的运行结果为（　　）。

```
def triamgle_area(width,height):      #自定义一个求三角形面积的函数
    area=1/2*(width*height)
    return area
s= triamgle_area(4,6)
print(s)
```

　　A．5.0　　　　　　　　　　B．12.0
　　C．3.0　　　　　　　　　　D．2.0

二、是非选择题（正确的填"A"，错误的填"B"。共 10 题，每题 4 分，共 40 分）

1．Python 变量名必须以字母或下划线开头，并且区分字母大小写。（　　）

2．Python 不允许使用关键字作为变量名，允许使用内置函数名作为变量名，但这会改变函数名的含义。（　　）

3．已知 x=3，那么赋值语句 x='abcedfg'是无法正常执行的。（　　）

4．Python 中，自定义函数使用 while 关键字。（　　）

5．在 Python 列表中，追加单个元素可以使用 append 方法。（　　）

6．在 Python 列表中，元素 n[3]表示第 4 个元素。（　　）

7．在 Python 中，"abc"的长度是 3，"老师好"的长度是 6。（　　）

8．在循环结构中，循环体能否继续执行取决于循环的次数。（　　）

9．在 Python 中，函数返回数据使用 return 关键字。（　　）

10．引入 Python 功能库可以使用 input 命令。（　　）

# 第 6 单元

## 创造动感体验——数字媒体技术应用

◎ 单元要求

本单元旨在综合使用桌面或移动终端平台中的数字媒体功能软件，进行不同类型数字媒体的采集、加工与处理，并集成制作数字媒体作品。

## 6.1 感知数字媒体技术

**学习要求**

1. 了解数字媒体技术及其应用现状；
2. 了解数字媒体文件的类型、格式及特点；
3. 会获取文字、图像、音视频等常见数字媒体素材；
4. 了解数字媒体采集、编码和压缩等技术；
5. 会进行不同数字媒体格式文件的转换。

### 任务1 体验数字媒体技术

**学习重点**

1. 数字媒体技术的概念、特征；
2. 数字媒体素材。

## 知识梳理

1. 数字媒体技术是一种结合了＿＿＿＿＿、＿＿＿＿＿、媒体与艺术设计的综合应用技术，广泛应用于教育、医疗、电子商务等领域。

2. 数字媒体技术具有＿＿＿＿、＿＿＿＿、＿＿＿＿、＿＿＿＿等特点。

3. 数字媒体素材包括文字、＿＿＿、＿＿＿、视频和动画等。

4. 常见的文本文件格式有＿＿＿、＿＿＿、HTML等类型。

5. 图像分为＿＿＿＿和＿＿＿＿两种。

6. 位图是由＿＿＿＿组成的画面，对图像进行缩放、旋转等操作时会产生锯齿或失真现象；矢量图由可重构图像的＿＿＿构成，具有无级别放大而始终平滑等特点。

7. 常见的图像文件有＿＿＿、＿＿＿＿、＿＿＿、PNG、TIFF、PSD和EPS等类型。

8. 常见的音频文件有＿＿＿＿、＿＿＿＿、WMA、MID等类型。

9. 常见的视频文件有＿＿＿＿＿、＿＿＿＿＿、RM、MOV、MP4等类型。

10. 动画是利用人眼的＿＿＿＿＿特性，快速播放一连串静态图像，在人的视觉上产生平滑流畅的动态效果。

## 例题解析

1. 数字媒体技术将文字、图像、声音、动画等多媒体素材有机结合，体现了（　　　）。

   A．数字化　　　　　　B．多样性

   C．集成性　　　　　　D．艺术性

**解析**：集成性，数字媒体技术将文字、图像、声音、动画等多种媒体素材有机结合，能够形成集成应用。故答案为C。

2. 下列关于位图和矢量图的说法，正确的是（　　　）。

   A．矢量图的基本元素是像素

   B．矢量图大小变换时不会失真

   C．位图的基本元素是图元

   D．位图大小变换时不会失真

**解析**：位图由像素组成，矢量图由可重构图像的指令构成。对位图进行缩放、旋转等操作会引起图像失真，而矢量图具有无级别放大而始终平滑的特点。故答案为B。

## 基础练习

1. 数字媒体技术采用（　　）的形式通过计算机来存储、处理和传播文字、图像、声音、动画等信息。

   A．二进制 　　　　　　　　B．八进制

   C．十进制 　　　　　　　　D．十六进制

2. 数字媒体技术在应用的过程中，可以实现人机互动，体现了数字媒体技术的（　　）。

   A．数字化　　B．交互性　　C．集成性　　D．艺术性

3. 数字媒体技术的（　　）是指结合文字、图像、声音、动画等多种媒体技术，借助数字化处理技术能够形成集成应用。

   A．数字化 　　　　　　　　B．交互性

   C．集成性 　　　　　　　　D．艺术性

4. 下列属于文本文件格式的是（　　）。

   A．PSD 　　　　　　　　　B．MID

   C．TXT 　　　　　　　　　D．JPG

5. 位图由（　　）组成。

   A．指令 　　　　　　　　　B．像素

   C．颜色 　　　　　　　　　D．分辨率

6. 下列不属于图像文件后缀名的是（　　）。

   A．.gif 　　　　　　　　　B．.bmp

   C．.doc 　　　　　　　　　D．.tif

7. 下列不属于音频文件后缀名的是（　　）。

   A．.wav 　　　　　　　　　B．.mid

   C．.mp3 　　　　　　　　　D．.avi

8. 动画是利用人眼的视觉暂留特性，快速播放一连串静态图像，在人的视觉上产生平滑流畅的动态效果。此说法（　　）。

   A．正确 　　　　　　　　　B．错误

## 提高练习

1. 文本文件又称为文档文件。此说法（　　）。

   A．正确 　　　　　　　　　B．错误

2．张三创作了图甲和图乙，图甲更注重表现图像的色彩和层次，图乙放大后仍然清晰。图甲和图乙分别是（　　）。

　　A．位图、点阵图　　　　　　B．矢量图、点阵图

　　C．矢量图、位图　　　　　　D．位图、矢量图

### 拓展练习

1．矢量图只能通过计算机软件生成。此说法（　　）。

　　A．正确　　　　　　　　　　B．错误

2．下列关于 MP3 音频文件的描述，错误的是（　　）。

　　A．MP3 是 Internet 上最流行的数字音乐格式，文件扩展名为.mp3

　　B．MP3 以 10 倍左右的比率大幅度降低了声音的数据量，加快网络的下载速度

　　C．MP3 采用国际标准组织提出的 MPEG-3 层算法进行有损的压缩编码

　　D．MP3 突出的优点是压缩比高、音质较好、制作简单、交流方便

3．小明在网络上搜集歌曲"茉莉花"，找到以下四种格式的文件，其中（　　）文件的存储容量最小。

　　A．茉莉花.mp3　　　　　　　B．茉莉花.mid

　　C．茉莉花.wma　　　　　　　D．茉莉花.wav

## 任务2　了解数字媒体技术原理

### 学习重点

1．信息采集和编码；

2．数据压缩技术；

3．常见的格式转换软件及功能。

### 知识梳理

1．连续的模拟信号转换为离散的数字信号，主要包括_____、_____和_____三个过程。

2．数据压缩根据质量有无损失可分为：

（1）_____是指将相同或相似的数据或数据特征归类，使用较少的数据量描

述原始数据，以达到减少数据量的目的，可以_____；广泛应用于_____、程序数据的压缩；

（2）_____是指利用人类视觉和听觉器官对图像或声音中的某些频率成分不敏感的特性，允许在压缩过程中损失一定的信息以减少数据量，不能_____原始数据；广泛应用于语音、_____和视频数据的压缩。

3．常见的格式转换软件有_____、Total Video Converter 等。

## 例题解析

1．模拟信号的数字化需要经过（　　）三个步骤。

　A．量化→采样→编码　　　　B．采样→量化→编码

　C．编码→量化→采样　　　　D．采样→编码→量化

解析：模拟信息要为计算机所用，需要进行数字化处理，主要包括信号采样、量化、编码三个过程。故答案为 B。

2．文本数据的压缩一般可采用（　　）压缩。

　A．有损　　　B．无损　　　C．冗余　　　D．静态

解析：数字媒体的数据压缩可分为无损压缩和有损压缩。无损压缩一般用于文本数据的压缩，能保证完全地恢复原始数据；而有损压缩会减少信息量，损失的信息不能再被恢复。故答案为 B。

## 基础练习

1．计算机可以直接对模拟信号进行处理。此说法（　　）。

　A．正确　　　　　　　　　B．错误

2．（　　）是指用有限个幅度值近似还原原来连续变化的幅度值，把模拟信号的连续幅度变为有限数量的有一定间隔的离散值。

　A．采样　　　B．编码　　　C．存储　　　D．量化

3．数据之所以可以实现压缩，是因为（　　）。

　A．原始信号有冗余　　　　B．压缩后都不失真

　C．压缩后都能恢复　　　　D．压缩后容量不变

4．对 4 个 Word 文档进行打包压缩成 RAR 文件所做的压缩属于（　　）。

　A．打包压缩　　B．缩小压缩　　C．无损压缩　　D．有损压缩

5. 所有文件的格式都可以利用格式工厂相互转换。此说法（　　）。

　　A．正确　　　　　　　　　B．错误

6. 利用文件"重命名"可以转换图像文件的格式。此说法（　　）。

　　A．正确　　　　　　　　　B．错误

## 提高练习

1. 数据压缩分为有损压缩和无损压缩，有损压缩会减少信息量，但是可以通过数字媒体技术恢复损失的信息。此说法（　　）。

　　A．正确　　　　　　　　　B．错误

2. 下列数据压缩属于无损压缩的是（　　）。

　　A．监控系统将实时视频以 MP4 格式保存

　　B．拍摄的照片以 JPEG 格式保存

　　C．将录音文件以 MP3 格式保存

　　D．将电影"B.mp4"压缩为"B.rar"

3. 下列关于格式工厂的说法，不正确的是（　　）。

　　A．可以进行音频合并

　　B．可以进行视频合并

　　C．可以进行图片合并

　　D．可以进行音视频合并

## 拓展练习

1. 声音的采样频率值越大，保真度越好。此说法（　　）。

　　A．正确　　　　　　　　　B．错误

2. 数据文件压缩后的文件不一定比压缩之前的文件要小。此说法（　　）。

　　A．正确　　　　　　　　　B．错误

3. 使用格式工厂进行视频格式转换，不能进行的设置是（　　）。

　　A．截取视频片段

　　B．进行画面剪辑

　　C．设置输出画面的大小

　　D．调整多个文件的前后次序

## 6.2 制作简单数字媒体作品

> **学习要求**
> 1. 了解图像处理的相关知识，会用软件对图像进行处理；
> 2. 了解动画的基本原理，会用软件制作简单动画；
> 3. 了解视频编辑的相关知识，会用软件制作短视频。

### 任务1　加工处理图像

**学习重点**

1. 图像的构图和色彩；
2. 图像的简单处理。

**知识梳理**

1. 图像处理主要包括图像_____、_____、编辑、剪裁、合成等内容，广泛应用于_____、视觉创意、_____、动漫设计、服装设计、建筑效果图后期修饰等领域。

2. 常用的图像处理软件有_____、_____、CorelDRAW、Illustrator 等。

3. _____是指根据作品主题思想的要求，把要表现的形象适当地组织起来，构成一个协调、完整的画面。

（1）_____是指将整体一分为二，较大部分与整体部分的比值等于较小部分与较大部分的比值，其比值约为 0.618；

（2）_____是构图的最基本方式，即把画面横竖各分为三等份，把主体放在这些线或线的交点上，可以达到突出主体的效果；

（3）_____有对称平衡和非对称平衡，是一种相互呼应、相对平衡的视觉艺术，主要画面之间无明显的主次之分，画面的整体构图均衡且相互制约。

4. 色彩分为_____和_____两种类型。

(1) 无彩色即_____；

(2) 有彩色的基础是_____三种颜色，称为三原色。

5．色相环上位置相对的颜色称为_____，一种颜色和其相邻的颜色称为_____。

## 例题解析

1．黄金分割法是指将整体一分为二，所分的两个部分大小相等。此说法（　　）。

　　A．正确　　　　　　　　　　B．错误

解析：黄金分割法是指将整体一分为二，较大部分与整体部分的比值等于较小部分与较大部分的比值，其比值约为 0.618。故答案为 B。

2．数字媒体作品中背景与文字的搭配，可以用（　　）形成文字的突出效果。

　　A．补色　　　B．相似色　　　C．同色　　　D．随意搭配颜色

解析：色相环上位置相对的颜色称为补色。补色的强烈对比可产生动态效果，例如，背景与文字的搭配，可以用补色形成文字的突出效果，如黑色背景白色文字。故答案为 A。

## 基础练习

1．下列选项，（　　）不属于图像处理软件。

　　A．美图秀秀　　　　　　　　B．Photoshop

　　C．CorelDRAW　　　　　　　D．PPT

2．黄金分割法是指将整体一分为二，较大部分与整体部分的比值（　　）较小部分与较大部分的比值。

　　A．小于　　　　　　　　　　B．大于

　　C．等于　　　　　　　　　　D．都可以

3．构图的最基本方式是（　　）。

　　A．黄金分割法　　　　　　　B．三分法

　　C．均衡法　　　　　　　　　D．二分法

4．下列关于均衡法，说法正确的是（　　）。

　　A．有对称平衡和非对称平衡

　　B．是一种相互呼应但不平衡的视觉艺术

　　C．主要画面之间有明显的主次之分

　　D．画面的整体构图均衡且不相互制约

5. 下列选项不属于三原色的是（    ）。
   A. 红　　　　　　　　　　B. 黄
   C. 绿　　　　　　　　　　D. 蓝

6. 色相环上位置相对的颜色称为（    ）。
   A. 反色　　　　　　　　　B. 补色
   C. 原色　　　　　　　　　D. 同色

7. 在生活中，红色代表（    ）。
   A. 庄严、沉重、神秘　　　B. 纯洁、神圣、朴素
   C. 明亮、活泼、自信　　　D. 吉祥、喜庆、热情

### 提高练习

1. 下列实际应用中，不是常用的黄金分割法比值的是（    ）。
   A. 2:3　　　　　　　　　　B. 3:5
   C. 4:7　　　　　　　　　　D. 5:8

2. 在色相环上，有一组颜色，红、橙红、橙，称之为（    ）。
   A. 原色　　　　　　　　　B. 间色
   C. 补色　　　　　　　　　D. 相似色

3. 操作题：利用美图秀秀处理一张校园风景照并保存。

### 拓展练习

小明想要对家中的老照片进行修复，他不能使用下列（    ）软件。
   A. QQ影音　　　　　　　　B. Photoshop
   C. 美图秀秀　　　　　　　D. 光影魔术手

## 任务2　制作动画作品

### 学习重点

1. 计算机动画的分类；
2. GIF闪图的概念和制作方法。

## 知识梳理

1. 动画按照形式可以分为平面动画、立体动画和_____。
2. 计算机动画有_____和_____两类，常用的制作软件有 Animate、3ds Max 等。
3. GIF 是_____图像文件，能存储成背景_____的图像形式，支持位图、灰度和索引颜色模式。
4. GIF 闪图是一种特殊的计算机动画，它将_____图像数据保存为一个图像文件，_____读出并显示到屏幕上，形成一种简单的动画。

## 例题解析

GIF 既可以是图像文件，又可以是动画文件。此说法（　　）。

　A．正确　　　　　　B．错误

**解析**：GIF 是 8 位图像文件，它能存储成背景透明的图像形式；又能将多幅图像数据保存为一个图像文件，逐幅读出并显示到屏幕上，形成一种简单的动画。故答案为 A。

## 基础练习

1. 当画面刷新率达到（　　），人眼看到的就是连续的画面效果。

　A．10　　　B．15　　　C．20　　　D．24

2. 下列格式，属于二维动画的是（　　）。

　A．GIF　　　B．JPG　　　C．AVI　　　D．WAV

3. 下列关于 GIF 的说法，错误的是（　　）。

　A．是 8 位图像文件

　B．能存储成背景透明的图像形式

　C．不支持位图颜色模式

　D．可以制作成闪图

## 提高练习

1. 利用美图秀秀制作闪图时，无法实现下列（　　）的效果。

　A．单张图片的位置　　　B．每张图片不同的速度

　C．图片的显示大小　　　D．闪图的大小

2．操作题：利用美图秀秀制作一个自己的表情包。

### 拓展练习

人眼的最快反应时间是 0.1 秒，所以动画帧频达到每秒（　　）帧以上就会有动感。

A．0.1　　　　　　　　　　B．10
C．25　　　　　　　　　　 D．30

## 任务 3　制作短视频作品

### 学习重点

1．短视频制作流程；
2．视频剪辑基础知识。

### 知识梳理

1．短视频的制作流程一般分为_____、_____、_____三步。

2．_____是指摄像机与被摄对象的距离不同，造成被摄体在画面中呈现出不同的大小，大致可分为远景、中景、_____和_____。

3．镜头的_____是利用摄像机在推、拉、摇、移、升、降等形式的运动中进行拍摄的方式。

4．镜头的组接规律：

（1）要符合观众的_____和影视_____；

（2）景别的变化要采用_____的方法；

（3）镜头组接中的拍摄方向遵循_____规律；

（4）要遵循_____、_____的规律；

（5）要讲究_____的统一。

## 例题解析

景别大致可分为远景、中景、近景和特写，是突破画框边缘的局限、拓展画面视野的一种方法。此说法（　　）。

A．正确　　　　　　　　　　B．错误

解析：景别是指摄像机与被摄对象的距离不同，造成被摄体在画面中呈现出不同的大小，大致可分为远景、中景、近景和特写；镜头的运动方式是利用摄像机在推、拉、摇、移、升、降等形式的运动中进行拍摄的方式，是突破画框边缘的局限、拓展画面视野的一种方法。故答案为B。

## 基础练习

1．短视频的制作流程一般分为（　　）。

　　A．脚本创作→视频剪辑→拍摄素材

　　B．脚本创作→拍摄素材→视频剪辑

　　C．拍摄素材→脚本创作→视频剪辑

　　D．拍摄素材→视频剪辑→脚本创作

2．（　　）就是整个拍摄流程，或者是拍摄说明书。

　　A．台本　　　B．大纲　　　C．选题　　　D．脚本

3．常用的视频剪辑软件有（　　）。

　　A．Photoshop　　　　　　　B．WinRAR

　　C．Premiere　　　　　　　　D．美篇

4．下列不属于景别类型的是（　　）。

　　A．蒙太奇　　　　　　　　　B．远景

　　C．近景　　　　　　　　　　D．特写

5．镜头组接要遵循动接静、静接动的规律。此说法（　　）。

　　A．正确　　　　　　　　　　B．错误

## 提高练习

1．镜头的运动方式是利用摄像机在（　　）等形式的运动中进行拍摄的方式。

　　A．推、拉、摇、移、升、降　　B．推、拉、摇、跳、升、降

　　C．推、拉、摇、移、转、降　　D．推、拉、摇、移、升、摆

2．镜头组接中的拍摄方向遵循（　　）规律。
　　A．直线　　　　　　　　B．垂线
　　C．轴线　　　　　　　　D．水平

### 拓展练习

操作题：使用 Windows 操作系统自带的"照片"软件制作"美丽的校园"视频。

## 6.3 设计演示文稿作品

### 学习要求

1. 了解数字媒体作品的设计思路；
2. 了解演示文稿制作的一般要求；
3. 会使用演示文稿软件制作数字媒体作品。

### 任务1　构思演示文稿作品

### 学习重点

1. 数字媒体作品的设计思路；
2. 制作演示文稿的一般要求。

### 知识梳理

1. ＿＿＿＿＿＿由若干张幻灯片组成，每张幻灯片由一些对象组成，对象包括＿＿＿＿＿＿、项目列表、说明文字、＿＿＿＿＿、表格、音频、视频和动画等。
2. 数字媒体作品的设计思路包括：＿＿＿＿＿＿＿＿＿＿、＿＿＿＿＿＿＿＿＿＿、＿＿＿＿＿＿＿＿＿＿、＿＿＿＿＿＿＿＿＿＿。
3. 数字媒体素材有＿＿＿＿＿、＿＿＿＿＿、＿＿＿＿＿、视频、动画等类型。
4. 计算机端常用的数字媒体作品制作软件有＿＿＿＿＿＿＿＿、Dreamweaver、Premiere、

_____等，手机端常用的数字媒体视频作品制作软件有_____、快手、_____等App。

5．一个完整的演示文稿至少包含_____、_____和结束页。

6．演示文稿制作时需要注意：_____应简洁、不宜过满，要有一定的留白；合理安排_____；_____使用不宜过多；_____不能过于密集；_____与主题相匹配、纵横比合适、清晰度足够。

## 例题解析

1．关于不同类型的数字媒体作品，说法错误的是（　　）。

A．功能不同　　　　　　　　B．表现形式不同

C．要求不同　　　　　　　　D．设计思路不同

**解析**：同类型的数字媒体作品功能不同，其表现形式也不同，不同的应用场合对数字媒体作品也有不同的要求，但设计思路和基本规范是一致的。故答案为D。

2．学校要举行电脑作品比赛，小张想以"校园文化介绍"为题材制作一份包含图片、文字、音视频的多媒体作品，他可选用（　　）软件来制作。

A．Photoshop　B．Excel　　C．Word　　　D．PowerPoint

**解析**：演示文稿软件是一种集文字、图形、声音、动画等多媒体对象于一体的，专门用于制作幻灯片的应用软件。故答案为D。

## 基础练习

1．创作一个数字媒体作品的第一步是（　　）。

A．确定主题和内容　　　　　B．选择数字媒体素材

C．确定作品形式　　　　　　D．选择制作软件

2．能够直观、形象地反映客观现实并美化界面的是（　　）素材。

A．文本　　　　　　　　　　B．图像

C．音频　　　　　　　　　　D．视频

3．下列不属于常见数字媒体作品形式的是（　　）。

A．电影　　　B．电视剧　　　C．纯音乐　　　D．广告

4．下列不属于计算机端常用的数字媒体作品制作软件的是（　　）。

A．抖音　　　　　　　　　　B．Photoshop

C．Premiere　　　　　　　　D．PowerPoint

5. 下列（　　）不是一个完整的演示文稿所必需的。

  A．封面页       B．内容页

  C．结束页       D．转场页

6. 演示文稿制作时版面不需要留白。此说法（　　）。

  A．正确        B．错误

### 提高练习

1. 下列选项，（　　）能够展现过程和环节，让精彩片段原景重现。

  A．文本   B．图像   C．音频   D．视频

2. 下列不属于手机端常用的数字媒体作品制作软件的是（　　）。

  A．抖音   B．美篇   C．快手   D．Premiere

3. 下列关于演示文稿布局的说法，不正确的是（　　）。

  A．在突出的位置放置需要重点表现的内容

  B．素材的颜色要和背景色有一定的对比度

  C．作为标题的文字尽量风格多样

  D．图片应尽量避免拖拉变形

### 拓展练习

1. 小明要制作影集"美丽的校园"，下列不属于整理素材的是（　　）。

  A．编写脚本       B．拍摄图片和视频

  C．录制声音       D．编写对白文本

2. 操作题：构思"班级文化"演示文稿，完成素材的准备。

## 任务2　制作基础版演示文稿

### 学习重点

1. 演示文稿的视图模式；

2. 演示文稿的模板和主题；

3. 基础版演示文稿的制作。

# 第6单元　创造动感体验——数字媒体技术应用

## 知识梳理

1. WPS演示有＿＿＿＿＿＿＿＿＿＿＿＿＿、＿＿＿＿＿＿＿＿＿＿＿＿＿、阅读视图和幻灯片放映视图四种视图模式。

2. ＿＿＿＿＿是已经做好了页面的排版布局设计，使用者只需在相应的位置输入文字，更改里面的图片，即可完成演示文稿的制作。

3. 主题是演示文稿软件自带的一种设置规范的＿＿＿＿＿＿＿＿。

## 例题解析

用演示文稿创建新幻灯片时，除了空白版式外幻灯片中均会出现一些虚线方框，用来存放文本、表格、剪贴画等。这个虚线方框称为（　　）。

A．文本框　　　　　　　B．占位符
C．幻灯片标题　　　　　D．组织结构图

**解析**：演示文稿中，除"空白"版式外，其他幻灯片版式中都包含一些虚线框，这些虚线框称为"占位符"，它是标题、文本、图片等对象预留的位置。占位符可以像文本框一样移动位置、改变大小等。故答案为B。

## 基础练习

1. 在WPS演示视图模式中，（　　）可进行幻灯片内容的编辑。

   A．幻灯片浏览　　　　B．普通视图
   C．幻灯片母版　　　　D．备注页

2. 在备注窗格中，可以添加（　　）。

   A．文字　　　　　　　B．图片
   C．音频　　　　　　　D．视频

3. 新建一个演示文稿时第一张幻灯片的默认版式是（　　）。

   A．标题和内容　　　　B．两栏内容
   C．标题幻灯片　　　　D．空白

4. WPS演示文件的扩展名是（　　）。

   A．.docx　　　　　　　B．.dps
   C．.pptx　　　　　　　D．.xlsx

5. 每一款主题结合自身风格，规定了相应的主题字体和主题（　　）。

A．形状元素　　　　　　　B．文本框
C．图片　　　　　　　　　D．颜色

6．下列（　　）操作不能在WPS演示中增加文本。

A．利用文本框输入文本　　B．在占位符中输入文本

C．利用导入文本　　　　　D．复制另外的文本，在幻灯片中粘贴

7．要想将演示文稿中的图片变成六边形，可使用"图片工具"中的（　　）操作。

A．形状　　B．裁剪　　C．图片轮廓　　D．更改图片

### 提高练习

1．在WPS演示中，（　　）以最小化的形式显示演示文稿中的所有幻灯片，用于组织和调整幻灯片的顺序。

A．普通视图　　B．放映视图　　C．浏览视图　　D．备注页视图

2．复制"校园文化介绍"的WPS演示作品到教师机，作品中的视频无法播放，这个问题可能是（　　）。

A．视频文件格式不对　　　　B．视频文件采用链接的方式

C．视频文件采用嵌入的方式　D．WPS演示作品没有交互功能

3．演示文稿软件内置的主题输入提示是不统一的。此说法（　　）。

A．正确　　　　　　　　　B．错误

4．在幻灯片中，绘制的形状不可以进行（　　）操作。

A．修改线条颜色　　　　　B．改变旋转角度

C．添加倒影效果　　　　　D．调整亮度

5．操作题

利用WPS演示软件制作一个"自我介绍"的演示文稿，要求如下。

（1）第一张幻灯片：设为标题幻灯片，主标题输入"自我介绍"、微软雅黑、60号，使用艺术字，位置居中；副标题输入"班级+姓名"，微软雅黑，20号，右对齐；添加背景音乐（校歌）。

（2）第二张幻灯片：50个字的自我介绍内容，楷体、黑色、36号，插入一张自己的照片，放在合适的位置。

（3）第三张幻灯片：添加30个字的学习计划文字内容，隶书、蓝色、40号，段落首行缩进2字符，1.5倍行距；插入一个视频（自己录制）。

（4）选择合适的主题，并应用到所有幻灯片。

### 拓展练习

1. 在 WPS 演示视图窗格的状态栏中出现了"幻灯片 2/7"的文字，则表示（    ）。

   A．共有 7 张幻灯片，目前只编辑了 2 张

   B．共有 7 张幻灯片，目前显示的是第 2 张

   C．共编辑了七分之二张的幻灯片

   D．以上都不是

2. 在 WPS 演示中，占位符的作用是（    ）。

   A．表示文本长度　　　　　　B．限制插入对象的数量

   C．图形所占位置　　　　　　D．为文本、图形预留位置

## 任务 3　制作进阶版演示文稿

### 学习重点

1. 演示文稿的动画；
2. 演示文稿的超链接和动作按钮；
3. 演示文稿的放映、打包；
4. 进阶版演示文稿的制作。

### 知识梳理

1. ＿＿＿＿＿＿指在幻灯片页面上出现的各种对象的动画效果。

2. ＿＿＿＿＿＿指从 A 幻灯片到 B 幻灯片，中间出现的过渡动画。

3. 幻灯片在放映时要实现跳转，或链接到演示文稿以外的文件，这时可以在幻灯片中为文本或其他对象＿＿＿＿＿＿，或插入＿＿＿＿＿＿，实现跳转。

4. 幻灯片放映可以单击"＿＿＿＿＿＿"→"从头开始"或"从当前开始"按钮，也可以在＿＿＿＿＿＿中直接单击右下角的"＿＿＿＿＿＿"按钮。

5. 制作完成的演示文稿可以导出为＿＿＿＿＿＿文件格式，在未安装演示文稿软件的计算机中，使用其他软件打开该演示文稿。

### 例题解析

如果要从第三张幻灯片跳转到第八张幻灯片,应通过幻灯片的( )来实现。

　　A．超链接　　B．排练计时　　C．页面动画　　D．换片动画

**解析**：一般情况下,幻灯片在放映时都是按照幻灯片的顺序来进行放映的,但有时希望幻灯片在放映时实现跳转,有时还希望链接到演示文稿以外的文件,这时可以在幻灯片中为文本或其他对象创建超链接,或插入动作按钮,实现跳转;"排练计时"功能可以实现自动播放;页面动画指页面上出现的各种对象的动画效果;换片动画是指从 A 幻灯片到 B 幻灯片,中间出现的过渡动画,不能实现跳转。故答案为 A。

### 基础练习

1．在 WPS 演示中,"自定义动画"的功能是( )。

　　A．插入 Flash 动画　　　　B．设置放映方式

　　C．插入视频文件　　　　　D．给幻灯片内的对象添加动画效果

2．在 WPS 演示页面切换中,不能设置的是( )。

　　A．切换动画效果　　　　　B．切换颜色

　　C．切换速度　　　　　　　D．切换声音

3．在演示文稿中,插入超链接中所链接的目标,不能是( )。

　　A．幻灯片中的某个对象

　　B．另一个演示文稿

　　C．同一演示文稿的某一张幻灯片

　　D．其他应用程序的文档

4．通过( )功能可以实现演示文稿自动播放。

　　A．从头开始　　　　　　　B．从当前幻灯片开始

　　C．使用计时　　　　　　　D．排练计时

5．下列关于 WPS 演示的描述,正确的是( )。

　　A．幻灯片一旦制作完毕,就不能调整次序

　　B．不能改变动画的播放顺序

　　C．制作好的演示文稿不能转成其他格式

　　D．打包成 PDF 文档的演示文稿在没有 WPS 演示软件的计算机上也可以播放

6. 设置幻灯片母版，主要起到（　　）的作用。

　　A．统一整套幻灯片的风格　　B．统一标题内容

　　C．统一图片内容　　　　　　D．统一页码内容

7. 在幻灯片制作过程中，当新插入的图片遮挡住原来的对象时，下列操作不恰当的是（　　）。

　　A．调整图片的大小

　　B．调整图片的位置

　　C．删除图片，更换大小合适的图片

　　D．调整图片的叠放次序

8. 在放映幻灯片时，如果要切换到下一张幻灯片，不能完成操作的是（　　）。

　　A．单击鼠标左键　　　　　　B．按退格键

　　C．按回车键　　　　　　　　D．按空格键

9. 操作题

美化"自我介绍"的演示文稿，要求如下：

（1）为所有文本框设置不同的动画效果；

（2）将图片裁剪为圆形，添加阴影效果，并设置动画效果；

（3）将背景音乐设置为循环播放；

（4）将视频进行剪辑，保留15秒；

（5）设置幻灯片的切换效果，效果自选。

## 提高练习

1. 设置动画延迟是在（　　）中完成的。

　　A．开始　　　B．持续时间　　　C．延迟　　　D．效果选项

2. 幻灯片中某文本框左侧有个数字0，表示（　　）。

　　A．该文本框没设置动画效果

　　B．该文本框中的内容需要单击后才出现

　　C．该文本框中的内容会自动出现

　　D．该文本框中的内容不会出现

3. 在WPS演示中，对文字或段落不能设置的是（　　）。

　　A．段间距　　　B．行距　　　C．字间距　　　D．着重号

4. 在幻灯片播放时，如果要结束放映，可以按（　　）。

　　A．Esc键　　　B．回车键　　　C．空格键　　　D．Ctrl键

5. 要实现幻灯片中的音频，鼠标单击后才播放，可以通过（　　）设置。

  A．设置对象格式     B．设置自定义动画

  C．设置对象动作     D．裁剪音频

6. 操作题：对演示文稿"自我介绍"进行修饰，设置页面动画和换片动画，添加超链接，美化文字、图片和视频等。

### 拓展练习

1. 在制作 WPS 演示文稿时，小张在第一张幻灯片上插入了 MP3 背景音乐，并出现了一个小喇叭图标，放映到第二张时就没有背景音乐了，想要整个幻灯片都播放背景音乐，有效的解决方法是（　　）。

  A．将声音文件删除，重新插入一次

  B．在"自定义动画"的下拉菜单中选择"效果选项"，在"计时"的"重复"中选择"直到幻灯片末尾"

  C．在以后的各张上都插入一次

  D．将 MP3 音乐文件转换成另一种格式

2. WPS 演示不支持的放映类型是（　　）。

  A．自动连续放映     B．演讲者放映

  C．在展台浏览      D．观众自行浏览

3. 若要改变幻灯片的大小和方向，可选择"设计"选项卡中的（　　）功能组。

  A．页面设置      B．格式

  C．背景       D．主题

## 6.4 初识虚拟现实与增强现实

### 学习要求

1. 初步了解虚拟现实与增强现实技术；
2. 会使用虚拟现实与增强现实技术工具，体验应用效果。

## 任务1　了解虚拟现实技术

### 学习重点

1. 虚拟现实的概念；
2. 虚拟现实技术的特征及其应用。

### 知识梳理

1. ＿＿＿＿＿简称 VR，是以计算机技术为核心的多种相关技术共同创造的看似真实的＿＿＿＿＿。

2. 虚拟现实技术的三大特征是＿＿＿＿＿、＿＿＿＿＿和＿＿＿＿＿。包含四大要素：＿＿＿＿＿、＿＿＿＿＿、＿＿＿＿＿、＿＿＿＿＿。

3. 现阶段虚拟现实中常用到的硬件设备，分为四类：＿＿＿＿＿、＿＿＿＿＿、＿＿＿＿＿、＿＿＿＿＿。

4. 当前虚拟现实技术主要应用在＿＿＿＿＿、＿＿＿＿＿、医疗、数据和模型的可视化、＿＿＿＿＿、工程设计、城市规划等领域。

### 例题解析

虚拟现实，是以计算机技术为核心的多种相关技术共同创造的看似真实的模拟环境，对于人的感官来说，它是不存在的。此说法（　　）。

　　A．正确　　　　　　B．错误

**解析**：虚拟现实强调用户在虚拟环境中的视觉、听觉、触觉等感官的完全浸没，能够让观众沉浸到另一世界并与之互动。对于人的感官来说，它是真实存在的，而对于所构造的物体来说，它又是不存在的。故答案为 B。

### 基础练习

1. 虚拟现实的英文简称是（　　）。

　　A．VR　　　　B．AR　　　　C．AI　　　　D．VI

2. 虚拟现实的核心技术是（　　）。
  A．网络技术　　　　　　　　B．计算机技术
  C．多媒体技术　　　　　　　D．信息技术
3. 虚拟现实技术的三大主要特征不包括（　　）。
  A．沉浸性　　　　　　　　　B．交互性
  C．想象性　　　　　　　　　D．理想性
4. 大型投影系统属于（　　）。
  A．建模设备　　　　　　　　B．三维视觉显示设备
  C．声音设备　　　　　　　　D．交互设备
5. 下列属于交互设备的是（　　）。
  A．3D扫描仪　　　　　　　　B．头戴式立体显示器
  C．数据手套　　　　　　　　D．3D眼镜
6. 建立虚拟仿真校园，创造虚拟学习伙伴，是虚拟现实技术在（　　）的应用。
  A．游戏领域　　　　　　　　B．教育领域
  C．医疗领域　　　　　　　　D．家居领域

### 提高练习

1. 游戏玩家佩戴眼镜和手套进行交互游戏属于（　　）方面的应用。
  A．高速计算　　　　　　　　B．数据处理
  C．虚拟现实　　　　　　　　D．微波通信
2. 现在可以利用技术实现在网上虚拟博物馆中观看全球各地真实博物馆里面的内容，这是应用了（　　）。
  A．虚拟现实技术　　　　　　B．智能机器人技术
  C．自然语言处理技术　　　　D．实时处理技术

### 拓展练习

虚拟现实技术通过数据手套和跟踪手语信息，提取特定人的面部特征合成面部动作和表情，以并行方式与计算机系统进行交互，实现三维虚拟现实。此说法（　　）。
  A．正确　　　　　　　　　　B．错误

## 任务2 了解增强现实技术

### 学习重点

1. 增强现实的概念；
2. 增强现实技术的特点及其应用。

### 知识梳理

1. _____简称 AR，是把虚拟信息融合在现实环境中，两种信息互为_____，实现对真实世界的_____。

2．增强现实技术的三个特点：实现现实世界和虚拟世界的_____、具有_____、在三维空间中增添_____。

3．增强现实技术在_____、_____、_____、工业科技等领域都有着广泛的应用前景。

### 例题解析

下列选项中，（　　）是增强现实的英文简称。

    A．AI　　　　　　　　　　B．VI

    C．VR　　　　　　　　　　D．AR

**解析**：AI 为人工智能，VI 为视觉识别系统，VR 为虚拟现实，AR 为增强现实。故答案为 D。

### 基础练习

1．增强现实的英文缩写是（　　）。

    A．VR　　　B．AI　　　C．AR　　　D．VI

2．下列不属于增强现实特点的是（　　）。

    A．用虚拟世界代替现实世界

    B．现实世界与虚拟世界的信息集成

    C．实时交互性

    D．在三维空间中增添定位虚拟物体

3．AR 技术追求给用户创造一种在新世界中完全沉浸的效果。此说法（　　）。

　　A．正确　　　　　　　　　　B．错误

4．利用计算机技术为兵马俑添加兵器，重现了士兵们的作战状态属于（　　）的应用。

　　A．场景重现　　　　　　　　B．现实技术

　　C．虚拟现实　　　　　　　　D．增强现实

### 提高练习

1．利用高德地图步行导航时，手机对着实景，会出现箭头提示方向，属于（　　）应用。

　　A．虚拟现实　　B．增强现实　　C．立体导航　　D．卫星导航

2．操作题：使用"AR 尺子"App 测量课桌的高度。

### 拓展练习

增强现实与虚拟现实是相反的。此说法（　　）。

　　A．正确　　　　　　　　　　B．错误

## 单元测试

一、单项选择题（共 15 题，每题 4 分，共 60 分）

1．数字媒体技术的（　　）是指采用二进制的形式通过计算机来存储、处理和传播文字、图像、声音、动画等信息。

　　A．数字化　　B．交互性　　C．集成性　　D．艺术性

2．下列属于音频文件后缀名的是（　　）。

　　A．.wmv　　B．.mid　　C．.mp4　　D．.avi

3．下列数据压缩属于有损压缩的是（　　）。

　　A．将文本文件"A.txt"压缩为"A.zip"

　　B．将三个视频放入同一个文件夹中

　　C．将 PS 制作好的图片保存为 JPG 格式

　　D．录制的视频压缩为 rar 文件

4. 下列关于三分法，说法正确的是（　　）。

   A．把画面横竖各分为三等份

   B．把画面横向分为三等份

   C．把画面竖向分为三等份

   D．主体放在各个等份的中心

5. 色相环上相邻的两种颜色称为（　　）。

   A．反色　　　　　　　　B．同色

   C．补色　　　　　　　　D．相似色

6. 短视频的制作流程一般为（　　）。

   A．收集素材→视频剪辑

   B．收集素材→脚本创作

   C．收集素材→脚本创作→视频剪辑

   D．脚本创作→收集素材→视频剪辑

7. 镜头的组接要遵循（　　）规律。

   A．动静结合　　　　　　B．一动一静

   C．动接动，静接静　　　D．动接静，静接动

8. 创作一个数字媒体作品，首先应该进行（　　）。

   A．规划设计　　　　　　B．确定素材

   C．确定作品形式　　　　D．选择制作软件

9. 在WPS演示的普通视图模式中，（　　）窗格可编辑单张幻灯片的内容。

   A．大纲窗格　　　　　　B．幻灯片窗格

   C．备注窗格　　　　　　D．阅读窗格

10. 选中一张幻灯片，执行"新建幻灯片"操作，则新的幻灯片在（　　）。

    A．第一张　　　　　　　B．最后一张

    C．选中的幻灯片下方　　D．选中的幻灯片上方

11. 在WPS演示中，"切换"的功能是（　　）。

    A．给幻灯片内的对象添加动画效果

    B．设置放映方式

    C．设置进入退出方式

    D．幻灯片之间的过渡动画

12. 在WPS演示中，关于艺术字的描述错误的是（　　）。
    A．艺术字可以改变大小
    B．艺术字不能添加图片纹理
    C．艺术字可以旋转角度
    D．艺术字可以设置阴影效果

13. 若要给幻灯片添加标尺，可在（　　）选项卡中设置。
    A．开始　　　　　　　　B．插入
    C．视图　　　　　　　　D．设计

14. 建立虚拟手术室，医生可以进行手术模拟训练，是虚拟现实技术在（　　）的应用。
    A．游戏领域　　　　　　B．医疗领域
    C．教育领域　　　　　　D．家居领域

15. 下列不属于增强现实应用的是（　　）。
    A．军事仿真训练
    B．为博物馆中的兵马俑添加"兵器"
    C．利用手机给景点进行标注
    D．买东西时虚拟试穿

二、是非选择题（正确的填"A"，错误的填"B"。共10题，每题2分，共20分）

1. 数字媒体技术就是数字技术和多媒体技术的结合。　　　　　　　　　　（　　）
2. 位图放大后会失真。　　　　　　　　　　　　　　　　　　　　　　　（　　）
3. 无损压缩允许在压缩过程中损失一定的信息以减少数据量。　　　　　　（　　）
4. 随着数字媒体技术的发展，同一种媒体格式，可以适应所有电子设备。　（　　）
5. 构图要尽量平均分配、四平八稳。　　　　　　　　　　　　　　　　　（　　）
6. 用美图秀秀制作闪图时，可以调整单张图片的显示大小。　　　　　　　（　　）
7. 镜头的运动方式是利用摄像机在推、拉、摇、移、升、降等形式的运动中进行拍摄的方式。　　　　　　　　　　　　　　　　　　　　　　　　　　　　　　　（　　）
8. 演示文稿中的艺术字不能调整角度。　　　　　　　　　　　　　　　　（　　）
9. 幻灯片切换中，可以设置切换速度。　　　　　　　　　　　　　　　　（　　）
10. "为兵马俑添加兵器，重现士兵们的作战状态"是虚拟现实在文化领域的应用。
    　　　　　　　　　　　　　　　　　　　　　　　　　　　　　　　　（　　）

## 三、操作题（共 1 小题，共 20 分）

请完成下列操作。

在第 1 张幻灯片中，完成第 1～2 小题操作：

1．将第 1 张幻灯片的版式设为"仅标题"；（2 分）

2．为右上角的图片"火箭"添加进入动画：基本型—飞入（上一动画之后，速度非常快，方向为"自右下部"）。（3 分）

在第 2 张幻灯片中，完成第 3～4 小题操作：

3．设置 2 个文本框的文字（神舟十四号…，飞船由 14 个分系统构成…）首行缩进 2 字符，行间距为 1.5 倍行距；（2 分）

4．为图片对象添加退出动画：基本型—飞出（上一动画之前，快速，延迟 0.5 秒，方向为"到右侧"）。（3 分）

在第 3 张幻灯片中，完成第 5～10 小题操作：

5．为下方的"宇航员"图片添加发光效果："钢蓝，5pt 发光，着色 5"；（3 分）

6．设置幻灯片放映方式："循环放映，按 ESC 键终止"；（2 分）

7．将第 4 张幻灯片和第 5 张调换次序；（1 分）

8．删除第 6 张幻灯片；（1 分）

9．设置幻灯片的切换动画为"推出"，速度为 0.25 秒，应用到全部；（3 分）

10．保存文件。

# 第 7 单元

## 构筑信息社会"防火墙"——信息安全基础

◎ 单元要求

本单元旨在了解信息安全常识，认知信息安全面临的威胁，充分认识信息安全的重要意义，具备信息安全意识，了解信息安全规范，能根据实际情况采用正确的信息安全防护措施。

## 7.1 了解信息安全常识

**学习要求**

1. 了解信息社会信息安全风险及现状；
2. 能列举信息安全面临的主要威胁；
3. 熟悉信息社会公民应遵守的法律和政策法规；
4. 加强信息安全和隐私保护意识。

### 任务1 初识信息安全

**学习重点**

1. 信息安全基础知识与现状；
2. 信息安全形势和信息安全的基本属性。

**知识梳理**

1. 信息社会中，_____已渗透到生活、学习、工作和交往等各个领域，在线购物、

网上聊天、在线学习等活动中都可能存在_____隐患。

2. 信息安全是指保护信息系统的_____，使之不因偶然或恶意侵犯而遭受破坏、更改及泄露，保证信息系统能够连续、可靠、正常的运行。其实质就是要保护信息系统或信息网络中的_____免受各种类型的威胁、干扰和破坏，即保证_____的安全性。

3. 信息安全的基本属性包括_____、_____、_____、_____和不可否认性。

4. 随着信息技术应用的深化，现有的信息网络安全、_____和信息内容安全受到了严重的威胁；网络渗透危害_____，网络诈骗威胁_____，网络有害信息侵蚀_____，网络恐怖和违法犯罪破坏_____，网络空间的安全博弈日益激烈。

5. 保证运行系统安全、_____和网络社会的整体安全，对整个社会的网络化和_____建设提供基础的安全保障，是信息化社会_____的基石。

6. 维护_____是全社会的共同责任，需要国家、社会、企业和个人的共同参与；作为信息社会的一分子，每个公民都需要提高自身的_____素养，捍卫_____权益。

## 例题解析

1. 信息安全的最基本属性是（　　）。

    A．统一性　　　　　　　　B．保密性

    C．完整性　　　　　　　　D．安全性

**解析**：完整性是指信息在存储或传输过程中保持不被篡改、不被破坏、不延迟、不乱序和不丢失的特性，是最基本的安全特性。故答案为 C。

2. 下列属于个人敏感信息的是（　　）。

    A．出生年月　　　　　　　B．从事职业

    C．工作单位　　　　　　　D．六指症状

**解析**：个人敏感信息是指一旦泄露、非法提供或滥用可能危害人身和财产安全，极易导致个人名誉、身心健康受到损害或歧视性待遇等的个人信息，同时 14 周岁以下的儿童信息均为个人敏感信息，而六指症状属于个人健康生理信息，一旦泄露会对个人身心健康产生损害或受到歧视性待遇。故答案为 D。

### 基础练习

1. 随着信息技术和数字经济的快速发展，（    ）安全成为国家安全的重要战略。
   A．数据                B．信息
   C．数据与信息          D．文档

2. "通信双方在信息交互过程中，确信参与者本身及参与者所提供的信息的真实同一性"这是信息安全基本属性中的（    ）。
   A．真实性              B．可用性
   C．不可否认性          D．相同性

3. 信息安全的基本属性不包括（    ）和不可否认性。
   A．完整性              B．安全性
   C．可用性              D．可控性

4. （    ）是指信息在存储或传输过程中保持不被篡改、不被破坏、不延迟、不乱序和不丢失的特性。
   A．完整性              B．可用性
   C．不可否认性          D．可控性

5. 保证运行系统安全、（    ）和网络社会的整体安全，是信息化社会国家安全的基石。
   A．系统信息安全        B．网络内容安全
   C．软件系统安全        D．数据库安全

### 提高练习

1. 在数字化时代，下列支付属于移动支付的是（    ）。
   A．微信支付            B．现金支付
   C．银行卡支付          D．易物支付

2. 下列行为，会威胁国家社会安全的是（    ）。
   A．网络渗透            B．网络诈骗
   C．网络有害信息        D．网络恐怖和违法犯罪

3. 随着信息技术应用的深化，现有的信息安全受到了严重的威胁，网络诈骗威胁了国家的（    ）安全，网络有害信息威胁了国家的（    ）安全。
   A．政治    经济        B．经济    文化
   C．文化    社会        D．社会    政治

### 拓展练习

1. 小芳是一个小学生，她的所有个人信息都是个人敏感信息。此说法（　　）。

　　A．正确　　　　　　　　　　B．错误

2. 艾某以"快牙"软件下载、观看、分享暴力、恐怖音视频，这个行为虽然会遭受社会谴责，但不违法。此说法（　　）。

　　A．正确　　　　　　　　　　B．错误

3. 小张在超市购物后，用手机扫码付费，这是移动支付。此说法（　　）。

　　A．正确　　　　　　　　　　B．错误

## 任务2　识别信息系统安全风险

### 学习重点

1. 信息安全面临的主要威胁；
2. 信息系统的脆弱性。

### 知识梳理

1. 信息系统本身由于系统主体和客体的原因可能存在不同程度的_____；目前信息系统安全面临的主要威胁有_____、系统漏洞和故障、_____等。

2. 火灾、水灾等自然灾害会对信息系统的安全造成威胁，可以引起线路中断、设备失效、_____等安全事件的发生；冰冻、电力供应中断、电信设备故障等环境因素也会导致_____、信息系统故障甚至瘫痪。

3. _____是指信息系统中的软件、硬件或通信协议中存在缺陷或不适当的配置，从而使攻击者在未授权的情况下访问或破坏系统，导致信息系统面临安全风险。

4. 常见漏洞有 SQL 注入漏洞、_____、_____、远程命令执行漏洞、权限绕过漏洞等，可以采用及时更新_____来防范。

5. _____是网络和信息系统安全的最大威胁，可分为_____和_____。

6. 网络谣言、网络诈骗和网络暴力的概念及特征如下：

（1）_____是指通过网络媒体传播的、没有事实依据，带有不可告人目的的虚假信息，它具有突发性和快速性等特点；

（2）＿＿＿＿＿＿通常指以非法占有为目的，主要环节发生在互联网上的，用虚构事实或隐瞒真相的方法，骗取数额较大的公私财物的行为；

（3）＿＿＿＿＿＿是一种危害严重、影响恶劣的暴力形式，是指一类由网民发表在网络上的并且具有诽谤性、诬蔑性、侵犯名誉、损害权益和煽动性的言论、文字、图片、视频，针对他人名誉、权益与精神造成损害。

## 例题解析

利用互联网发表没有事实依据并带有攻击性、目的性的话语，对他人的名誉、权益与精神造成损害的行为是（　　）。

　　A．网络谣言　　　　　　B．网络诈骗
　　C．网络暴力　　　　　　D．网络攻击

**解析**：网络谣言是指通过网络媒体传播的，没有事实依据，带有攻击性、目的性的话语；而网络诈骗是指用虚构事实或隐瞒真相的方法，在网络上以各种形式向他人骗取财物的诈骗手段；网络暴力是指一类由网民发表在网络上的并且具有诽谤性、诬蔑性、侵犯名誉、损害权益和煽动性的言论、文字、图片、视频，针对他人名誉、权益与精神造成损害；网络攻击是指针对计算机和计算机网络等进行破坏、揭露、修改，使软件或服务失去功能。故答案为 A。

## 基础练习

1. 下列不是信息系统安全面临的主要威胁是（　　）。
　　A．自然灾害　　　　　　B．人为因素
　　C．系统漏洞和故障　　　D．基础设施

2. 自然灾害会对信息系统的安全造成威胁，但不会引起（　　）等安全事件的发生。
　　A．线路中断　　　　　　B．设备失效
　　C．网络法律法规　　　　D．数据丢失

3. （　　）是指信息系统中的软件、硬件或通信协议中存在缺陷或不适当的配置，从而使攻击者在未授权的情况下访问或破坏系统，导致信息系统面临安全风险。
　　A．漏洞　　B．病毒　　C．木马　　D．黑客

4. （　　）是网络和信息系统安全的最大威胁。
　　A．自然灾害　　　　　　B．恶意攻击
　　C．人为失误　　　　　　D．人为因素

### 提高练习

1. 信息安全风险是特定威胁利用单个或一组资产（　　）的可能性，以及由此可能给个人或组织带来的损害。

　　A．可控性　　　B．脆弱性　　　C．破坏性　　　D．完整性

2. 保障国家信息安全的最佳有效手段是（　　）。

　　A．评估　　　B．管理　　　C．评估并管理　　　D．评估或管理

3. 下列案例中，属于恶意攻击的是（　　）。

　　A．某学校机房在一场暴雨中意外进水，数据中心直接被毁

　　B．某网络托管服务商遭受火灾，数以万计的网站受到影响

　　C．某订餐App因API端口未受保护，致使用户个人数据泄露

　　D．某银行遭分布拒绝服务攻击，致使银行系统瘫痪

4. 下列不属于网络暴力行为的有（　　）。

　　A．在网上发布虚假广告　　　B．在网上上传诬蔑性图片

　　C．在网上发布诽谤性视频　　　D．在网上发表煽动性言论

### 拓展练习

1. 小张使用盗版软件致使计算机中信息丢失，这是受到了（　　）的典型威胁。

　　A．未授权行为　　　B．信息损害

　　C．基本服务丧失　　　D．技术失效

2. 为了防止学校机房因安全漏洞诱发网络安全事件，机房管理员应该及时更新（　　）来防范。

　　A．病毒库　　　B．补丁　　　C．数据库　　　D．防火墙

## 任务3　应对信息安全风险

### 学习重点

1. 自主可控的信息安全核心技术；
2. 个人信息及其保护；
3. 信息安全的法律法规。

## 知识梳理

1. 信息时代，要从根本上遏制系统性风险，必须关注网络的人、_____和_____三个要素。

2. _____受阻于人是我国信息安全的最大隐患；防范信息系统脆弱性，必须有牢固的_____，而首要是发展自主可控、_____的核心基础软硬件；自主可控包括_____、能力自主可控、发展自主可控等多个层面。

3. 保护个人信息，应做到不随意提供、分享、丢弃_____，树立信息_____意识，掌握_____的基本技能等。

4. 为了维护一个健康、有序、和谐的网络空间，我们应做到以下几点：
（1）学习_____；（2）遵守_____；（3）增强_____。

5. 手机丢失后，即使采取了应急措施，也有可能发生二次盗窃，为了防范二次盗窃，可以设置手机_____，这样可有效防止别人盗用_____。

## 例题解析

1. 目前我国信息安全的最大隐患是（　　）。
 A．核心技术受阻于人　　B．网络的脆弱性
 C．网络设备落后　　　　D．网络管理不到位

解析：不能自主掌握核心技术是我国信息安全的最大隐患。故答案为 A。

2. 下列不属于第三方支付的是（　　）。
 A．支付宝　　　　　　　B．微信支付
 C．银行卡支付　　　　　D．京东支付

解析：支付宝、微信支付、京东支付是通过第三方来实现支付，属于第三方支付，而现金支付和银行卡支付则直接实现支付，属于直接支付。故答案为 C。

## 基础练习

1. 保障信息安全，必须关注（　　）三个要素。
 A．人　　　　　　　　　B．设备
 C．管理　　　　　　　　D．技术

2. 个人信息不包括（　　）。
 A．姓名　　　　　　　　B．联系方式
 C．QQ账号密码　　　　 D．衣服品牌

3. 下列关于个人信息保护的措施，正确的是（　　）。

   A．在网上海投个人简历寻找工作

   B．不在路边参与泄露个人信息的促销活动

   C．在微信朋友圈中随意晒个人照片

   D．更换电子设备前进行技术处理

4. 为了创建绿色的网络空间，我们应做到（　　）。

   ①学习法律法规　②遵守法律法规　③增强维权意识

   A．①②　　　　　　　　　　B．①③

   C．②③　　　　　　　　　　D．①②③

5. 如果手机丢失了，下列不属于采取的应急处理措施的是（　　）。

   A．停机　　　　　　　　　　B．挂失银行卡

   C．广而告之亲朋好友　　　　D．报警

## 提高练习

1. 下列属于个人隐私信息的是（　　）。

   A．姓名　　　　　　　　　　B．性别

   C．忧郁病史　　　　　　　　D．出生年月

2. 为了保护个人信息，下列行为不正确的是（　　）。

   A．树立信息保护意识　　　　B．掌握防范窃密技能

   C．不随意连接来源不明的网络　D．将身份证复印件随意提供给好友

3. 下列关于网络空间的描述，正确的是（　　）。

   A．网络空间是现实社会在网络上的延伸与拓展

   B．网络空间是开放和自由的，是法外之地

   C．网络空间是虚拟空间，可不以正常秩序为基础

   D．在网络空间中，我们可以随意发言，不受法律法规限制

4. 简答题：如果手机丢了，应采取哪些应急措施？

5. 操作题：给手机设置PIN码。

拓展练习

1. 为了加强个人信息保护，打击网络诈骗，保护关键信息基础设施，我国制订了（　　）法律法规。

  A．网络安全法　　　　　　B．网络信息保护法

  C．电子商务法　　　　　　D．密码法

2. 加强网络安全管理，一是制定统一的网络信息技术安全标准，二是建立高素质的（　　）队伍。

  A．网络操作员　　　　　　B．网络警察

  C．网络设备管理员　　　　D．网民

3. 下列以法律形式明确了知识产权保护的法律法规是（　　）。

  A．关于加强网络信息保护的决定

  B．密码法

  C．电子商务法

  D．网络安全法

## 7.2 防范信息系统恶意攻击

**学习要求**

1. 认识常见信息系统恶意攻击的形式和特点；
2. 初步掌握信息系统安全保护的常用技术方法；
3. 了解网络安全等级保护和数据安全等相关的信息安全制度和标准；
4. 能够保护个人信息系统和数据安全。

### 任务1　辨别常见的恶意攻击

**学习重点**

1. 常见恶意攻击信息系统的形式和特点；
2. 口令攻击、恶意代码攻击和拒绝服务攻击；
3. 安全软件的概念与类型。

# 第7单元 构筑信息社会"防火墙"——信息安全基础

## 知识梳理

1. _____是信息安全面临的最大威胁，可分为被动攻击和_____。

2. 账号和_____常用来作为信息系统进行身份认证的一种手段，借助它可以确定_____的用户能够访问系统资源。

3. 恶意代码是指_____的情况下，在信息系统中安装、执行以达到不正当目的的代码；最常见的计算机恶意代码有_____、僵尸程序、_____和病毒等；但随着互联网的普及，又产生了_____恶意代码和联网智能设备恶意代码等其他恶意代码。

4. 拒绝服务攻击，英文简称_____，是向某一目标信息系统发送密集的攻击包，或执行特定攻击操作，以期致使目标系统停止提供服务，一般采用_____方式攻击；_____（英文简称DDoS）借助客户/服务器技术，利用多个计算机联合作为攻击平台，对_____目标发动攻击，从而成倍地提高拒绝服务攻击的威力。

5. 设置的密码符合密码复杂性要求并不易被破解的密码称为_____密码，设置密码的注意事项如下：

（1）长度不少于____个字符；

（2）混合使用小写字母、大写字母、数字和_____；

（3）不使用跟本人相关的字词或_____；

（4）发现可疑情况及时更换_____。

## 例题解析

小明在网上下载了一个大小为41 KB的文件并存储在128 GB的新U盘中，结果发现U盘可用空间为0，小明的U盘可能受到了（　　）攻击。

A．木马　　B．蠕虫　　C．僵尸程序　　D．漏洞

**解析**：蠕虫是指能自我复制和广泛传播，以占用系统和网络资源为主要目的的恶意代码，按传播途径可分为邮件蠕虫、即时消息蠕虫、U盘蠕虫、漏洞利用蠕虫和其他蠕虫。故答案为B。

## 基础练习

1. 当前信息安全面临的最大威胁是恶意攻击，它可分为被动攻击和（　　）。

A．随意攻击　B．主动攻击　　C．被动攻击　　D．自动攻击

2. （　　）和口令的组合常被信息系统用来作为身份认证的一种手段。

　　A．姓名　　　B．账号　　　C．指纹　　　D．刷脸

3. 通过感染计算机文件进行传播，以破坏或篡改用户数据，影响信息系统正常运行为目的恶意代码是（　　）。

　　A．病毒　　　B．蠕虫　　　C．木马　　　D．僵尸程序

4. 拒绝服务攻击（英文简称 DoS）攻击一般采用（　　）。

　　A．一对一　　　　　　　　B．一对多

　　C．多对一　　　　　　　　D．多对多

5. 下列不属于计算机病毒特征的是（　　）。

　　A．感染性　　　　　　　　B．潜伏性

　　C．完整性　　　　　　　　D．破坏性

6. 杀毒软件永远滞后于计算机（　　）。

　　A．硬件　　　B．病毒　　　C．信息　　　D．程序

### 提高练习

1. 小李已经在网上购买了正版 Windows 10 操作系统，他可以借助（　　）来访问该系统中的资源。

　　A．账号+口令　　　　　　B．账号

　　C．口令　　　　　　　　　D．姓名

2. 小周的家用计算机被攻击了，攻击者可能是利用（　　）方法进行攻击的。

　　A．弱口令攻击撞库攻击　　B．暴力破解攻击

　　C．社会工程攻击　　　　　D．病毒攻击

3. 下列属于强密码的是（　　）。

　　A．AD123%12abc　　　　　B．e？2Y

　　C．34099889　　　　　　　D．hhhjEDRabc

4. 火绒安全软件是一款专业的安全防护软件，能对计算机进行全盘查杀，所以它（　　）清除所有病毒。

　　A．能够　　　　　　　　　B．不能

　　C．完全　　　　　　　　　D．彻底

5. 操作题：尝试为自己的电脑或手机设置不易破解的强密码。

### 拓展练习

1. 小明发现自己存储在云端的数据有部分被修改和删除了,这是受到(　　)方式的恶意攻击。

　　A．主动攻击　　　　　　B．被动攻击

　　C．正向攻击　　　　　　D．反向攻击

2．利用木马程序或键盘记录程序不能远程对学校机房中的电脑进行攻击。此说法(　　)。

　　A．正确　　　　　　　　B．错误

3．小明的 QQ 号被盗了,他的电脑可能遭到(　　)攻击。

　　A．僵尸程序　　　　　　B．蠕虫

　　C．木马　　　　　　　　D．安全漏洞

## 任务 2　掌握常用信息安全技术

### 学习重点

1．密码及加密技术;
2．防火墙和入侵检测/防御技术;
3．恶意程序防护技术和灾难备份技术;
4．信息系统安全防范的常用技术和方法。

### 知识梳理

1．防范针对信息系统的恶意攻击,通常运用的信息安全技术有＿＿＿＿＿＿、数据加密和＿＿＿＿＿＿等。

2．＿＿＿＿＿＿是信息安全的第一道防线,用来防止未授权的用户私自访问系统;它主要有＿＿＿＿＿＿、＿＿＿＿＿＿、＿＿＿＿＿＿和基于独一无二的特征等几种方式。

3．＿＿＿＿＿＿是指通过组合两种不同方式来验证一个人身份的验证方式。

4．数据加密是通过＿＿＿＿＿＿及加密算法转换为密文,而解密则是通过解密算法和＿＿＿＿＿＿将密文恢复为明文。

5．我国将密码分为核心密码、＿＿＿＿＿＿和＿＿＿＿＿＿,实行＿＿＿＿管理。

6．对数据加密的技术分为对称加密(也称私人密钥加密)和非对称加密(也称

_____）两类。其中对称加密以数据加密标准（DES）算法为典型代表，加密和解密密钥_____；而非对称加密通常以 RSA 算法为典型代表，加密和解密密钥不相同，其中_____密钥可以公开而_____密钥需保密。

7. _____是设置在内部网络与外部网络之间，用于隔离、限制网络互访从而保护_____的系统设施。

8. Windows Defende 是一种 Windows 10 自带的_____，可以对系统进行_____。

## 例题解析

1. 以 DES 算法为典型代表并且加密和解密密钥相同的数据加密技术是（   ）。

  A．对称加密      B．非对称加密

  C．商用加密      D．私用加密

**解析**：对称加密以数据加密标准（DES）算法为典型代表，加密和解密密钥相同；而非对称加密通常以 RSA 算法为典型代表，加密和解密密钥不相同，加密密钥可以公开而解密密钥需保密。故答案为 A。

2. 为了保证网络传输中的数据安全，对数据进行了技术处理，将密文变成明文的过程称为（   ）。

  A．数据备份      B．数据恢复

  C．数据加密      D．数据解密

**解析**：加密技术是网络安全技术的基石，从明文变成密文的过程称为加密，由密文恢复成原明文的过程称为解密。故答案为 D。

## 基础练习

1. 下列不属于防范针对信息系统的恶意攻击所运用的信息安全技术的是（   ）。

  A．身份验证      B．数据加密

  C．数据备份      D．设置防火墙

2. 加密技术是指将一个明文经过（   ）及加密函数转换，变成无意义的密文。

  A．加密密钥      B．解密密钥

  C．代数函数      D．解密函数

3. 我国将密码分为三类，下列不属于密码分类内的是（　　）。

   A．核心密码　　　　　　　　B．普通密码

   C．军用密码　　　　　　　　D．商用密码

4. 信息加密技术不能提供的信息安全服务是（　　）。

   A．维持信息机密性　　　　　B．用于鉴别和抗抵赖

   C．保证信息可用性　　　　　D．保持信息完整性

5. 下列不属于抵御恶意程序的传播和感染防护措施的是（　　）。

   A．安装恶意代码软件　　　　B．关闭防火墙

   C．切断传播和感染的途径　　D．破坏恶意程序实施的条件

## 提高练习

1. 为了增加学校人事电子档案的私密性，管理员把电子档案从明文变成密文，这个过程称为（　　）。

   A．压缩　　　　　　　　　　B．解压

   C．加密　　　　　　　　　　D．解密

2. AES（分组密码）是把明文分成固定长度的组进行加密，在AES标准规范中，分组长度只能是（　　）位。

   A．64　　　　B．128　　　　C．192　　　　D．256

3. 下列不属于防火墙基本功能的是（　　）。

   A．允许未授权的用户进入内部网络

   B．防止入侵者对系统的访问

   C．过滤掉不安全的服务和非法用户

   D．限制内部用户访问特殊站点

4. 操作题：使用系统自带杀毒软件进行计算机扫描和开启电脑中的防火墙。

## 拓展练习

1. 小明通过计算机网络收集信息并分析，从中发现学校网络系统被攻击的迹象，他主要采用了（　　）技术。

   A．入侵检测　　　　　　　　B．入侵防御

   C．系统自检　　　　　　　　D．黑客

2．小芳曾在文档编辑时断电，造成电脑中信息全部丢失，因此她建立了一个完整的灾难备份系统，这个系统不包含（　　）。

  A．数据备份系统    B．数据处理备份系统

  C．Python 源代码    D．完善的灾难恢复计划

3．为了保证学校机房信息系统安全，小建采用了下列措施来防范恶意程序入侵。其中不妥的措施是（　　）。

  A．安装防火墙    B．对数据进行备份

  C．安装灾难备份系统    D．搭建通信网络系统

4．操作题：查阅资料，列举人脸识别的风险，并罗列防范措施。

## 任务3　安全使用信息系统

### 学习重点

1．网络安全等级保护制度；

2．规范运营和使用信息网络；

3．个人信息安全保护机制。

### 知识梳理

1．信息安全保护需要周全的＿＿＿＿＿＿、完善的＿＿＿＿＿＿＿＿和标准，所以我们应增强信息安全意识，安全规范地使用信息系统，做好＿＿＿＿＿＿。

2．我国通过制定统一的信息和网络安全等级保护管理规范和技术标准，健全完善以保护＿＿＿＿＿＿＿＿＿＿＿＿＿＿安全为重点的网络安全等级保护制度，组织公民、法人和其他组织对信息系统按重要性分等级实行安全保护；它的保护对象为基础信息网络、工业控制系统、云计算平台、＿＿＿＿＿、使用移动互联技术的网络、其他网络及＿＿＿＿＿＿等。

3．安全保护等级根据受侵害的客体、受客体的＿＿＿＿＿＿来确定，分5级。其中管理要求体现了综合管理的思想，但安全管理需要的＿＿＿＿、＿＿＿＿和＿＿＿＿三者缺一不可。

4．安全使用信息设备，可采用如下措施：

（1）选用适合的集病毒查杀、＿＿＿＿＿＿、漏洞修复、＿＿＿＿＿＿＿＿等功能于一体的安全软件，及时更新，定期查杀；

（2）开启操作系统和应用软件的_____设置，及时安装_____程序，修复漏洞和后门；

（3）从正规商家或官方网站购买或下载软件，不使用_____软件；

（4）不随意扫描_____，警惕"电子密码失效""银行升级"等异常内容的短信，不随意打开_____链接；

（5）及时_____，设置锁屏密码、丢失追踪，给重要应用程序设置_____。

5．在接入网络时，要注意如下操作：

（1）使用无线网络时，尽量选择正规机构提供的、有_____的Wi-Fi；

（2）家庭无线网络要设置无线路由的密码保护，使用_____，使用较为复杂的Wi-Fi网络接入密码并定期更换，禁用Wi-Fi保护设置快速连接功能，及时修改路由器管理界面登录_____，设置_____，隐藏服务集标识符（SSID），绑定_____。

6．_____与恢复是网络与信息安全的重中之重；根据需要，对信息系统的备份可分为_____、_____和_____三种策略。

## 例题解析

1．下列常用信息系统备份策略中，对信息系统的数据进行一次完全备份后，每次只备份与首次备份发生变化数据的是（　　）。

A．完全备份　　　　　　B．增量备份

C．云备份　　　　　　　D．差量备份

**解析**：对信息系统的数据进行备份时，完全备份是针对系统中某个时间点的数据，完整地进行备份；增量备份每次只对新的或被修改过的数据进行备份；而差量备份则每次只备份与首次备份发生变化的数据。故答案为D。

2．下列不属于安全管理所需要的三要素是（　　）。

A．设备　　　　　　　　B．机构

C．制度　　　　　　　　D．人员

**解析**：安全保护等级根据受侵害的客体、对客体的侵害程度等级来确定，分为5级。其中，每一等级的安全要求中的管理要求体现了综合管理的思想，安全管理需要的机构、制度和人员三要素缺一不可。故答案为A。

## 基础练习

1. 信息安全保护需要周全的安全策略、完善的信息安全规范和标准，所以我们应增强信息安全意识，安全规范地使用信息系统，做好（　　）。

    A．病毒查杀　　B．数据加密　　C．制度管理　　D．数据备份

2. 网络安全等级保护制度以保护（　　）安全为重点。

    A．个人信息　　　　　　　B．国家关键信息基础设施
    C．信息系统　　　　　　　D．基础信息网络

3. 下列不属于网络安全等级保护制度的保护对象的是（　　）。

    A．基础信息网络　　　　　B．大数据
    C．U盘　　　　　　　　　D．云计算平台

4. 下列关于安全使用信息设备的说法，正确的是（　　）。

    A．选用集病毒查杀、防火墙、漏洞修复、访问控制等功能于一体的安全软件
    B．设置重要的安全策略时，可以不关闭任何服务
    C．对于临时使用的应用软件，可以使用盗版软件
    D．可以随意扫描朋友圈的二维码进入相关网站

5. 保护个人信息安全，要从（　　）和管理两个方面综合考虑。

    A．数据　　B．技术　　C．人员　　D．制度

6. 下列不属于企业采用的"两地三中心"容灾备份方案中的"三中心"是（　　）。

    A．主数据中心　　　　　　B．同城灾备数据中心
    C．次数据中心　　　　　　D．异地灾备数据中心

7. 操作题：将计算机中的个人数据进行备份，并尝试备份收藏夹。

## 提高练习

1. 网络空间安全的重点是保护基础设施及（　　）的安全。

    A．操作系统
    B．关键信息基础设施
    C．关键信息基础设施所构成的网络
    D．数据

2. 按照网络相关法律法规，下列不属于网络运营者所采取的措施是（　　）。

    A．防范计算机病毒和网络攻击　　B．重要数据备份和加密
    C．文明健康使用网络　　　　　　D．监测、记录网络运行状态

3. 保护网络空间安全，既要有相应的安全技术标准体系，更要有（　　）。

  A．健全法律法规政策体系　　　B．网络和信息安全意识

  C．规范自己的信息行为　　　　D．网络警察

4. 操作题：手机通讯录是很重要的信息，应定期进行备份。请选用一种数据备份方法备份你的手机通讯录。

## 拓展练习

1. 关键信息基础设施直接影响网络空间安全，它主要包括（　　）。

①网站类　②平台类　③生产业务类

  A．①②　　　B．①③　　　C．②③　　　D．①②③

2. 小明在建立个人信息安全保护机制时，对黑客攻击的防范采取了下列措施，不正确的是（　　）。

  A．设置永久性的强口令　　　B．关闭或删除不需要的服务

  C．关闭无用网络的端口　　　D．防火墙安全级别设为中高

3. 操作题：查阅相关资料，罗列目前有哪些国产操作系统及其软硬件的配置要求。

## 单元测试

### 一、单项选择题（共20题，每题4分，共80分）

1. 信息安全是指保护信息系统的硬件、软件及相关（　　），使之不因偶然或恶意侵犯而遭受破坏、更改及泄露，保证信息系统能够连续、可靠、正常的运行。

  A．信息　　　B．资源　　　C．资料　　　D．数据

2. 信息安全的实质就是保护信息系统或信息网络的（　　）不受各种类型的威胁、干扰和破坏。

  A．数据库文件　　　B．文档信息

  C．文件数据　　　　D．信息资源

3. 网络渗透会危害国家的（　　）安全。

  A．经济　　　B．政治

  C．文化　　　D．社会

4. 信息系统本身由于系统主体和客体的原因可能存在不同程度的（   ）。

    A．隐蔽性　　B．脆弱性　　C．破坏性　　D．传染性

5. （   ）是指一类由网民发表在网络上的并且具有诽谤性、诬蔑性、侵犯名誉、损害权益和煽动性的言论、文字、图片、视频，针对他人名誉、权益与精神造成损害。

    A．网络谣言　　　　　　　B．网络诈骗

    C．网络暴力　　　　　　　D．网络欺凌

6. 下列不属于恶意攻击行为的是（   ）。

    A．丢弃报废设备　　　　　B．搭线监听

    C．信息篡改　　　　　　　D．盗割线缆

7. 目前我国信息安全的最大隐患是（   ）。

    A．核心技术受阻于人　　　B．网络的脆弱性

    C．网络设备落后　　　　　D．网络管理不到位

8. 自主可控不包括（   ）层面。

    A．知识产权自主可控　　　B．能力自主可控

    C．网络自主可控　　　　　D．发展自主可控

9. 保障信息安全，必须关注（   ）三个要素。

    ①人　②管理　③设备　④技术

    A．①②③　　　　　　　　B．①②④

    C．①③④　　　　　　　　D．②③④

10. 为了防范手机二次盗窃，可以设置手机（   ）。

    A．PIN 码　　　　　　　　B．SIM 卡号

    C．QQ 账号密码　　　　　 D．第三方支付密码

11. 当前信息安全面临的最大威胁是（   ）。

    A．必然事故　　　　　　　B．主动攻击

    C．被动攻击　　　　　　　D．恶意攻击

12. 攻击者可通过网络监听或通过远端系统破解来获得用户（   ），如果攻击成功，攻击者就能随心所欲地窃取、破坏和篡改目标系统的信息。

    A．账号　　　　　　　　　B．姓名

    C．口令　　　　　　　　　D．设备

13. 下列属于计算机病毒特征的是（   ）。

    A．完整性　　　　　　　　B．可控性

    C．感染性　　　　　　　　D．可用性

14．下列属于强密码的是（　　）。

　　A．Co478A%12　　　　　　B．e7#Y

　　C．51087692　　　　　　　D．coimwayDE

15．下列不属于常用身份验证方式的是（　　）。

　　A．密码验证　　　　　　　B．姓名验证

　　C．生物特征验证　　　　　D．智能卡、门禁卡等信任物验证

16．数据加密技术可分为对称加密和（　　）两类。

　　A．私人密钥加密　　　　　B．非对称加密

　　C．军用密钥加密　　　　　D．商用密钥加密

17．（　　）通过在网络边界上建立相应的网络通信监控系统来隔离内部和外部网络。

　　A．防火墙　　　　　　　　B．入侵检测系统

　　C．入侵防御系统　　　　　D．上网行为管理系统

18．一个实用的网络信息系统中，（　　）是网络与信息安全的重中之重。

　　A．数据备份　　　　　　　B．数据恢复

　　C．数据备份与恢复　　　　D．数据加密

19．安全保护等级的每一等级的安全要求不包括（　　）。

　　A．云计算安全扩展要求　　B．大数据安全扩展要求

　　C．移动互联安全扩展要求　D．物联网安全扩展要求

20．下列不属于常用信息系统备份策略的是（　　）。

　　A．完全备份　　　　　　　B．增量备份

　　C．差量备份　　　　　　　D．移动硬盘备份

二、是非选择题（正确的填"A"，错误的填"B"。共5题，每题4分，共20分）

1．小明使用"快牙"软件下载、观看、分享"学习强国"中的视频，这个行为是违法的。（　　）

2．为了防止学校机房因安全漏洞诱发网络安全事件，机房管理员应该及时更新补丁来防范。（　　）

3．火绒安全软件是一款专业的安全防护软件，能对计算机进行全盘查杀，所以它完全能清除所有病毒。（　　）

4．利用木马程序或键盘记录程序能远程对学校机房中的电脑进行攻击。（　　）

5．企业采用的"两地三中心"容灾备份方案中的"三中心"是主数据中心、同城灾备数据中心和异地灾备数据中心。（　　）

# 第 8 单元

## 未来世界早体验——人工智能初步

◎ 单元要求

本单元旨在了解人工智能和机器人的发展过程和基本应用，体验人工智能在语音控制、图像识别等方面的应用，了解人工智能的基本原理，认知人工智能对我们生活和工作的影响，为适应智慧社会做好准备。

## 8.1 初识人工智能

学习要求

1. 了解人工智能的发展过程和应用领域，认识其对社会的影响；
2. 了解人工智能的基本原理；
3. 体验人工智能在语音控制、图像识别等方面的应用。

### 任务 1 揭开人工智能面纱

学习重点

1. 人工智能的概念与发展；
2. 人工智能的原理。

知识梳理

1. 人工智能是一门研究、开发用于模拟、延伸和扩展人的智能的理论、方法、技术及应

用系统的新的_____，它的英文简称为_____。

2．人工智能是_____的一个分支，融合了计算机科学、_____、脑神经学和社会科学等多个学科的前沿知识。

3．"人工智能之父"是_____。

4．人工智能的发展经历了三个阶段：_____、_____、_____。

5．_____是人工智能的核心内容，也是人工智能的基本原理；按照学习形式可分为_____、无监督学习和_____，其中_____所采用的数据是带标签的数据，而_____所采用的数据是不需要标签的。

6．_____是一种基于人工神经网络的无监督学习，完成这样的学习需要两个条件：一是要有大量数据来学习，逐步调整准确度，即需要_____的支持；二是网络神经层数越多，计算越准确，即需要_____的支持。

## 例题解析

1．人工智能的英文缩写是（　　）。

　　A．AI　　　　　　　　　　B．CAI

　　C．AE　　　　　　　　　　D．AR

解析：AI——人工智能，CAI——计算机辅助教学，AE——影视后期处理软件，AR——增强现实技术。故答案为 A。

2．机器学习形式中，采用的数据是带标签数据的是（　　）。

　　A．监督学习　　　　　　　B．无监督学习

　　C．半监督学习　　　　　　D．全监督学习

解析：机器学习形式有监督学习、无监督学习和半监督学习三类学习形式，其中监督学习所采用的数据是带标签的数据。故答案为 A。

3．机器学习中，要让计算机具有"智能"，需要大量的（　　）支撑。

　　A．内存　　　　　　　　　　B．数据

　　C．硬盘　　　　　　　　　　D．速度

解析：机器学习是人工智能的核心内容，要让计算机具有"智能"，它需要"大数据"和"云计算"的支持。故答案为 B。

### 基础练习

1. AI 是（    ）。
   A．一个操作系统  B．一个项目
   C．一门技术科学  D．一门课程体系

2. 下列不属于人工智能的发展历经时代的是（    ）。
   A．符号推理时代  B．自主学习时代
   C．专家系统时代  D．深度学习时代

3. 人工智能发展的第三阶段是（    ）。
   A．符号推理时代  B．专家系统时代
   C．深度学习时代  D．机器人时代

4. 采用的数据是不需要标签的机器学习方式是（    ）。
   A．有监督学习  B．无监督学习
   C．全监督学习  D．半监督学习

5. 基于人工神经网络的无监督学习是（    ）。
   A．有监督学习  B．半监督学习
   C．全监督学习  D．深度学习

### 提高练习

1. 目前人工智能的发展已处于（    ）阶段。
   A．符号推理时代  B．自主学习时代
   C．专家系统时代  D．深度学习时代

2. "弈棋程序"是人工智能发展历程中第（    ）阶段的主要象征。
   A．一  B．二
   C．三  D．四

3. 在机器学习中，能对 30 个带标签和大量没有标签的数据进行学习的形式是（    ）。
   A．监督学习  B．无监督学习
   C．半监督学习  D．自主学习

### 拓展练习

1．人工智能发展的第三阶段是利用计算机解决代数、几何和英语问题的阶段。此说法（　　）。

　　A．正确　　　　　　　　　　B．错误

2．人工智能发展阶段中，以围棋程序 AlphaGo 战胜人类围棋冠军为标志的时代是深度学习时代。此说法（　　）。

　　A．正确　　　　　　　　　　B．错误

3．要让计算机具有"智能"，需要让计算机学会学习，因此机器学习是人工智能的基本原理，也是人工智能的核心内容。此说法（　　）。

　　A．正确　　　　　　　　　　B．错误

## 任务 2　体验人工智能应用

### 学习重点

1．人工智能的常见应用场景；
2．人工智能在语音控制、图像识别等方面的应用。

### 知识梳理

1．目前人工智能被广泛应用于工业、农业、交通、医疗、教育、文化、娱乐等领域，其常见的应用场景有：

（1）_____：通过对人、车、物、事件、基础设施等_____多维时空信息的全面感知、高效共享；

（2）_____：可以从网站等环境中进行学习，应用_____识别技术为用户提供服务；

（3）_____：以物流互联网和物流_____为依托，利用协同共享创新模式和人工智能技术，实现智能配置物流资源、智能优化物流环节、智能提升物流效率；

（4）_____：利用人工智能技术自动找到_____中的重点部位，并进行对比分析，智能分析的结果可以为医生诊断提供参考信息，有效减少误诊或漏诊，还能重建人体内器官的_____，帮助医生设计手术。

2. 在 Windows 10 操作系统中，可以打开 Cortana 与"小娜"进行对话，或利用智能手机，通过_____控制手机完成相关操作。

3. 利用手机拍摄花朵、动物、交通工具等物体照片，并上传"识图"网站，能够通过_____识别准确识别出照片中的物体。

### 例题解析

下列应用包含人工智能技术的是（　　）。

　　A．美颜拍照　　　　　　B．语言翻译

　　C．人脸识别　　　　　　D．汽车驾驶

解析：人脸识别是人工智能领域常见的应用，美颜拍照、语言翻译和汽车驾驶不是人工智能领域的应用，但在线拍照、在线翻译和无人驾驶则是包含人工智能技术的。故答案为 C。

### 基础练习

1. 下列应用没有涉及人工智能技术的是（　　）。

　　A．语音导航　　　　　　B．刷脸进门

　　C．人工打磨饰品　　　　D．扫码付款

2. 有人说：人工智能不会对未来社会的发展、人们的生产和生活产生很大影响。此说法（　　）。

　　A．正确　　　　　　　　B．错误

3. 手机拍照后，通过相关 App 不能识别照片中的植物。此说法（　　）。

　　A．正确　　　　　　　　B．错误

4. 计算机智能控制温度时，下列装置必不可少的是（　　）。

　　A．测温机　　　　　　　B．温度计

　　C．温度仪　　　　　　　D．温度传感器

### 提高练习

1. 人工智能的语音输入需要硬件支持，但指纹识别不需要指纹输入设备。此说法（　　）。

　　A．正确　　　　　　　　B．错误

2. 和 Cortana 进行语音交流时，为了保证 Cortana 能"听"懂语言，需要（　　）。

　　A．扬声器　　　B．麦克风　　　C．耳机　　　D．音响

3. 利用手机自拍照片并使用"美图秀秀"进行美化，这是应用了 AI 照片修复功能技术。此说法（　　）。

　　A．正确　　　　　　　　B．错误

### 拓展练习

1. 人工智能已让计算机学会思考，实现了机器的"智能"，所以数据不需要通过计算机的处理。此说法（　　）。

　　A．正确　　　　　　　　B．错误

2. 和 Cortana 进行语音交流时，需要准备（　　），才能保证 Cortana 能"听"会"说"。

　　A．音响和麦克风　　　　B．键盘和音响
　　C．麦克风和耳机　　　　D．音响和耳机

3. 可以利用手机设置指纹识别进行手机登录，但不可以使用指纹识别登录笔记本电脑的 Windows 系统。此说法（　　）。

　　A．正确　　　　　　　　B．错误

## 8.2 探寻机器人

### 学习要求

1. 了解机器人的组成与发展；
2. 了解机器人的应用；
3. 理解人工智能带来的机遇与挑战。

### 任务1　走近机器人

### 学习重点

1. 机器人的组成；
2. 机器人的发展。

## 知识梳理

1. 机器人是一种具有_____行为能力的个体，有_____的功能，根据_____可决定其外貌，可具类人外貌，也可不具类人外貌，从其机器结构角度看，它是一种机械与_____相结合的机器。

2. 机器人一般由复杂的机械机构、_____、_____和控制系统等组成。其中：

（1）复杂的机械机构是机器人的_____，是机器人赖以完成作业任务的_____，支撑机器人完成各种动作；

（2）_____是机器人的动力系统，为机器人完成工作提供_____；

（3）_____是机器人的感测系统，为机器人在相关的环境中完成工作提供检测信息；

（4）控制系统是机器人的_____，负责对机器人完成任务提供_____，对内部和外面环境信息进行处理，控制机器人进行各种操作。

3. 机器人发展迄今可分为三代，其中：

（1）第一代机器人是_____，是运行程序员事先已编制好的程序，不会改变动作，如_____；

（2）第二代机器人是_____，能对外界环境的改变做出一定的自身调整，如_____；

（3）第三代机器人是_____，能通过_____实现预定目标的高级机器人，如酒店机器人、玉兔二号。

## 例题解析

按机器人组成的归属分，计算机属于（    ）。

  A．复杂的机械机构    B．驱动机构

  C．传感装置      D．控制系统

**解析**：机器人一般由复杂的机械机构、驱动机构、传感装置和控制系统等组成，而机器人的控制系统是计算机。故答案为D。

## 基础练习

1. 按机器人的发展历程来看，智能清扫机器人属于（    ）。

  A．第一代机器人    B．第二代机器人

  C．第三代机器人    D．第四代机器人

2. 机器人一般由复杂的机械机构、驱动机构、传感装置和（　　）等组成。

　　A．运算中心　　　　　　　　B．控制系统

　　C．运算系统　　　　　　　　D．传输系统

3. 机器人赖以完成作业任务的执行机构并支撑机器人完成各种动作的是（　　）。

　　A．复杂的机械机构　　　　　B．驱动机构

　　C．传感装置　　　　　　　　D．控制系统

4. 能为机器人完成工作提供动力的是（　　）。

　　A．复杂的机械机构　　　　　B．驱动机构

　　C．传感装置　　　　　　　　D．控制系统

5. 能针对外界环境的改变做出一定自我调整的机器人是（　　）。

　　A．第一代机器人　　　　　　B．第二代机器人

　　C．第三代机器人　　　　　　D．智能机器人

### 提高练习

1. 机器人可根据组成和用途决定其外貌，可具类人外貌，也可不具类人外貌。此说法（　　）。

　　A．正确　　　　　　　　　　B．错误

2. 工业机器人主要用于工业生产，其中（　　）让机器人接收和控制信息。

　　A．传感装置　　　　　　　　B．驱动机构

　　C．控制系统　　　　　　　　D．传输系统

3. 操作题：上网查阅扫地机器人的各种品牌，为家人选择一款，并罗列选择的理由和这款扫地机器人的智能程度。

### 拓展练习

1. 下列关于机器人的说法，有误的是（　　）。

　　A．机器人是人工智能的一种应用

　　B．机器人具有人类的一定智能能力

　　C．机器人是一种具有独立行为能力的个体，有类人的功能

　　D．机器人能感知外部世界的动态变化，但不能通过这种感知做出反应

2. 下列机器人与玉兔二号不是同一时代的是（　　）。

  A．扫地机器人     B．祝融号火星车

  C．嫦娥五号探测器   D．酒店服务机器人

3. 娱乐机器人是第三代智能机器人，能自主运行程序，可以没有传感装置。此说法（　　）。

  A．正确       B．错误

## 任务2　畅想未来世界

### 学习重点

1. 机器人的应用；
2. 人工智能带来的机遇与挑战。

### 知识梳理

1. 我国的机器人专家从应用环境出发，将机器人分为两大类，即_____和特种机器人。其中：

（1）_____只是指面向工业领域的多关节机械手或多自由度机器人，包括喷涂机器人、_____、_____等；

（2）特种机器人则是用于_____并服务于人类的各种先进机器人，包括_____、水下机器人、娱乐机器人、_____、农业机器人等。

2. 目前关于人工智能的争议主要有两种声音：一是认为人工智能会给我们带来更加美好的_____、更加便捷的_____；二是认为我们应该警惕人工智能的_____，认为人工智能最终将_____人类。

3. 目前仍为机器人研究者、_____和开发者所遵守的，为机器人的制作与开发划定的三条红线是：

（1）_____，或坐视人类受到伤害；

（2）_____，除非这条命令与第一条相矛盾；

（3）_____，除非这种保护与以上两条相矛盾。

### 例题解析

在军用工厂中，利用机器人进行装配工件，按我国机器人专家从应用环境出发分类，此机器人属于（　　）。

A．工业机器人　　　　　　B．特种机器人

C．机械机器人　　　　　　D．电子机器人

解析：工业机器人是指面向工业领域的多关节机械手或多自由度机器人，包括喷涂机器人、装配机器人、焊接机器人等；特种机器人是指用于非制造业并服务于人类的各种先进机器人，包括服务机器人、军用机器人等。而军用工厂是非制造业并服务于人类的地方，所以军用工厂的装配机器人是军用机器人。故答案为B。

### 基础练习

1．从应用环境出发，我国的机器人专家将机器人分为（　　）和特种机器人两类。

A．普通机器人　　　　　　B．特殊机器人

C．医疗机器人　　　　　　D．工业机器人

2．下列不属于特种机器人的是（　　）。

A．喷焊机器人　　　　　　B．服务机器人

C．水下机器人　　　　　　D．娱乐机器人

3．关于人工智能的争议和思考至今仍然存在，下列说法有误的是（　　）。

A．人工智能最终将取代人类

B．人工智能的应用会越来越广泛

C．人工智能会给我们带来更加便捷的未来

D．人工智能会给我们带来更加美好的生活

4．下列关于机器人三项原则的说法，错误的是（　　）。

A．机器人不得伤害人类，或坐视人类受到伤害

B．机器人必须服从人类的命令

C．机器人必须保护自己

D．人类必须保护自己，可以随意伤害机器人

5．为机器人制作与开发划定的三项原则，可以不为机器人（　　）所遵守。

A．研究者　　　　　　　　B．应用者

C．开发者　　　　　　　　D．规划者

## 提高练习

1. 随着机器人应用的普及和发展，执行预先编写的程序已不能适应复杂的工作环境了。此说法（　　）。

  A．正确　　　　　　　　　　B．错误

2. 特种机器人是指通常用于制造业并服务于人类的各种机器人。此说法（　　）。

  A．正确　　　　　　　　　　B．错误

3. 操作题：畅想今后与人合作的机器人，绘制未来机器人外观图，并结合本专业领域特点，罗列未来机器人应具备的能力。

## 拓展练习

1. 随着人工智能的快速发展，智能机器人越来越"智能"，最终必将取代人类。此说法（　　）。

  A．正确　　　　　　　　　　B．错误

2. 操作题：上网搜索并观看一部与机器人相关的科幻影片，罗列本专业机器人的应用现状并畅想本专业未来的机器人。

## 单元测试

### 一、单项选择题（共15题，每题4分，共60分）

1. 人工智能的英文缩写是（　　）。

  A．AI　　　　　　　　　　　B．CAI

  C．AE　　　　　　　　　　　D．AR

2. 人工智能是（　　）的一个分支。

  A．计算机科学　　　　　　　B．统计学

  C．脑神经学　　　　　　　　D．社会科学

3. 人工智能的核心内容是（　　）。

  A．机器学习　　　　　　　　B．计算机

  C．网络　　　　　　　　　　D．软件

4. 人工智能对未来社会的发展、人们的生产和生活（　　）。
   A．没有影响　　　　　　　　B．会有影响
   C．不知道　　　　　　　　　D．不一定有影响

5. 手机拍照后，通过相关App识别照片中的植物，是（　　）应用。
   A．摄像头　　　　　　　　　B．人工智能
   C．硬件　　　　　　　　　　D．软件

6. 计算机智能控制温度，需要（　　）。
   A．测温机　　　　　　　　　B．温度计
   C．温度仪　　　　　　　　　D．温度传感器

7. 和Cortana进行语音交流时，为了保证Cortana能"听"会"说"，需要（　　）。
   A．音响和麦克风　　　　　　B．键盘和音响
   C．麦克风和耳机　　　　　　D．音响和耳机

8. 按机器人组成的归属分，计算机属于（　　）。
   A．复杂的机械机构　　　　　B．驱动机构
   C．传感装置　　　　　　　　D．控制系统

9. 按机器人的发展历程来看，智能清扫机器人属于（　　）。
   A．第一代机器人　　　　　　B．第二代机器人
   C．第三代机器人　　　　　　D．第四代机器人

10. 目前机器人的发展已经进入了（　　）时代。
    A．机械　　　　　　　　　　B．人工智能
    C．核能　　　　　　　　　　D．科技

11. 机器人从其机器结构角度看，是一种（　　）的机器。
    A．机械　　　　　　　　　　B．电子
    C．机械与电子相结合　　　　D．驱动装置

12. 扫地机器人能够识别障碍进行规避，首先是因为（　　）设备识别到障碍。
    A．驱动装置　　B．控制器　　C．运算器　　D．传感器

13. 根据机器人的发展进程，玉兔二号月球车属于（　　）。
    A．第一代机器人　　　　　　B．第二代机器人
    C．第三代机器人　　　　　　D．第四代机器人

14. 我国的机器人专家从应用环境出发，将机器人分为两类，即（　　）和特种机器人。
    A．普通机器人　　　　　　　B．特殊机器人
    C．医疗机器人　　　　　　　D．工业机器人

15. 下列关于机器人三项原则的说法，正确的是（　　）。

　　A．机器人不得伤害人类，但可以坐视人类受到伤害

　　B．机器人可以不服从人类的命令

　　C．机器人必须保护自己

　　D．人类必须保护自己，可以随意伤害机器人

二、是非选择题（正确的填"A"，错误的填"B"。共10题，每题4分，共40分）

1．人工智能融合了计算机科学、统计学、脑神经学和社会科学等多个学科前沿知识。（　　）

2．机器人根据功能来决定其外貌，可具类人外貌，也可不具类人外貌。（　　）

3．未来机器人完全可以代替人类完成工作。（　　）

4．学生不能带手机进校园，所以人工智能在学生学习中没有得到应用。（　　）

5．人工智能第二阶段发展是利用计算机解决代数、几何和英语问题的阶段。（　　）

6．要让计算机具有"智能"，需要让计算机学会学习，因此机器学习是人工智能的基本原理，也是人工智能的核心内容。（　　）

7．人工智能的语音输入需要硬件支持，所以指纹识别需要指纹输入设备。（　　）

8．二维码识别是采用人工智能的图片识别技术。（　　）

9．可以利用手机设置指纹识别进行手机登录，但不可以使用指纹识别登录笔记本电脑的Windows系统。（　　）

10．机器人的研究者、规划者、开发者和应用者只有遵守机器人三项原则，才能研发和使用机器人。（　　）

# 中职信息技术学业水平考试模拟试卷（一）

◎注意事项

1. 本试题分理论知识和技能操作两个部分，满分100分，考试时间60分钟。
2. 本试题采用无纸化系统考试，基于Windows 10操作系统、WPS 2019办公软件。

## 第一部分 理论知识（共25分）

一、单项选择题（共15题，每题1分，共15分）

1. 第四代电子计算机所用的电子元件是（　　）。
   A．继电器　　　　　　　　B．晶体管
   C．电子管　　　　　　　　D．集成电路

2. 下列选项中，（　　）属于输出设备。
   A．显示器　　B．键盘　　C．摄像头　　D．扫描仪

3. 二进制数10110转换为十进制值为（　　）。
   A．23　　B．22　　C．21　　D．20

4. 文件名可以使用下列（　　）字符。
   A．">"　　B．"/"　　C．"."　　D．"*"

5. WWW的意译为（　　）。
   A．万维网　　B．互联网　　C．局域网　　D．广域网

6. （　　）是设立在网络边界上的网络通信监控系统，以阻挡入侵和非法访问。
   A．交换机　　　　　　　　B．防火墙
   C．路由器　　　　　　　　D．网卡

7. 下面不属于网络交易第三方支付工具的是（　　）。
   A．支付宝　　　　　　　　B．微信
   C．网上银行　　　　　　　D．百度钱包

8. 输入文本时，在段落结束时按回车键产生一个新段落，此时新段落会自动使用的格式为（  ）。

  A．仿宋、三号　　　　　　　　B．与上一段相同的格式

  C．宋体、五号、单倍行距　　　D．新建文档时的格式

9. 下列关于 WPS 表格中单元格命名的描述，正确的是（  ）。

  A．以行名在先，列名在后

  B．以列名在先，行名在后

  C．以数字命名

  D．以字母命名

10. 以下不能作为标识符首字符的是（  ）。

  A．大写字母　　　　　　　　　B．小写字母

  C．下画线　　　　　　　　　　D．数字

11. 下面程序段的功能是（  ）。

  s=0

  for i in range（1，101）

    s+=i

  print（s）

  A．计算从 1 到 100 的和　　　　B．计算从 1 到 101 的和

  C．计算从 2 到 100 的和　　　　D．计算从 2 到 101 的和

12. 下列属于数字媒体信息的是（  ）。

  A．U 盘、文字　　　　　　　　B．动画、光盘

  C．音频、视频　　　　　　　　D．硬盘、图像

13. 网络空间安全的核心是（  ）。

  A．信息安全　　　　　　　　　B．数据安全

  C．运行系统安全　　　　　　　D．信息基础设施安全

14. 信息安全最基本的安全特征是（  ）。

  A．可控性　　　　　　　　　　B．保密性

  C．可用性　　　　　　　　　　D．完整性

15. 以法律形式明确"网络实名制"的法律是（  ）。

  A．民法总则　　　　　　　　　B．电子商务法

  C．网络安全法　　　　　　　　D．密码法

## 二、是非选择题（共10题，每题1分，共10分）

16. 第一阶段诞生的电子计算机主要应用于数据处理和事务处理。（　　）

    A．正确　　　　　　　　　　　　B．错误

17. 网络协议是网络主机和设备之间进行数据通信的技术规范，保证不同的网络主机和设备实现互联互通。（　　）

    A．正确　　　　　　　　　　　　B．错误

18. 批注是审阅者对文档所做的各种修改。（　　）

    A．正确　　　　　　　　　　　　B．错误

19. 数据采集的维度越多，越密集，大数据潜在的价值越大。（　　）

    A．正确　　　　　　　　　　　　B．错误

20. 将一个值同时赋值给多个变量称为多元变量。（　　）

    A．正确　　　　　　　　　　　　B．错误

21. 数据文件压缩后的文件不一定比压缩之前的文件要小。（　　）

    A．正确　　　　　　　　　　　　B．错误

22. WPS演示文稿中的占位符不可以改变大小。（　　）

    A．正确　　　　　　　　　　　　B．错误

23. 自主可控不包括知识产权自主可控。（　　）

    A．正确　　　　　　　　　　　　B．错误

24. 预防计算机犯罪，首先要加强网络道德教育，引导青少年规范网络行为。（　　）

    A．正确　　　　　　　　　　　　B．错误

25. 扫地机器人能够识别障碍进行规避，是因为驱动装置识别到障碍。（　　）

    A．正确　　　　　　　　　　　　B．错误

# 第二部分　技能操作（共75分）

## 一、图文编辑（共2题，每题14分，共28分）

26. 请完成下列操作。

（1）纸张大小：A4纸，左、右页边距调整为3厘米。（2分）

（2）设置标题文字（神舟十四号）字体格式为：隶书、28磅、红色，居中对齐，字符间距加宽3磅。（3分）

（3）将正文第1段中的"神十四"的字形设为"加粗"，并添加"着重号"。（2分）

（4）设置正文第2段至第5段的段落格式为：首行缩进2字符，段前0.5行，段后0.5行，行间距为固定值20磅。（3分）

（5）将正文第3段（中继终端……）等分为2栏，有分隔线。（2分）

（6）设置正文的第1段（神舟十四号，简称"神十四"……）的首字下沉：下沉3行，首字字体为"黑体"。（2分）

（7）保存文档。

27．请完成下列操作。

（1）给正文第1段文字"由陈冬担任指令长"后插入脚注，内容为"神州十四号航天员"。（2分）

（2）按下列要求对图片进行处理：（3分）

设置图片的宽度为15厘米（锁定纵横比）；

为图片添加"三维旋转-左透视"效果；

环绕方式设为"浮于文字上方"，图片放置于正文下方。

（3）对表格按以下要求进行修饰：（6分）

合并第1列的四个单元格，文字方向调整为"垂直方向从右往左"；

第2列和第4列的单元格填充色为"橙色"；

表内所有文字对齐方式均设为"水平垂直居中"；

设置各行的行高为1厘米。

（4）设置页面文字水印效果，内容为"神舟十四"，字体"隶书"，颜色"红色"，版式"斜式"。其他设置选项为"默认"。（3分）

（5）保存文档。

## 二、数据处理（共2题，每题14分，共28分）

28．请在Sheet1工作表中完成下列操作。

（1）将A1单元格的标题文字设置为：黑体，18磅。（2分）

（2）合并居中（A1:E1）单元格，设置行高为36，文字在水平垂直方向均居中。（2分）

（3）在第10行用公式计算出每列的总计，保留两位小数。（2分）

（4）设置（A2:E10）区域的外框为"双实线"，内框为"单细实线"。（2分）

（5）用条件格式，把（D3:D9）区域中促销销售额大于5000的单元格设置为"黄填充色深黄色文本"。（3分）

（6）在页面设置中，设置页脚格式为"第1页，Sheet1"。（3分）

（7）保存文件。

29．请在Sheet1工作表中完成下列操作。

（1）在D2单元格插入批注，批注内容为：课程考核成绩（需删掉批注框中的"用户名"及"冒号"）。（2分）

（2）在F列将成绩>=90的设置为"优秀"，>=80的设置为"良好"，>=60的设置为"合格"，<60的设置为"不合格"。（2分）

（3）使用排序，将A2:F16按排名升序排序，排名相同的按姓名降序排序。（2分）

（4）选取（B2:B16）、（D2:D16）区域作为数据源，插入一个簇状柱形图，要求如下：（4分）

  图表标题为"选修课成绩"；

  标题文字的字体格式设为"黑体，14磅"；

  图表放在数据右侧。

（5）创建数据透视表，按"考核"统计每门课的人数，放在A18单元格。（4分）

（6）保存文件。

### 三、数字媒体技术（共1题，共14分）

30．请完成下列操作。

（1）将所有幻灯片的模板设为"通用模板-翠绿"。（2分）

（2）为第2张幻灯片的图片添加阴影效果：外部—居中偏移。（2分）

（3）设置第2张幻灯片的切换动画为"擦除"。（2分）

（4）为第2张幻灯片右侧的文本框（中国第一水乡……）添加进入动画：温和型—升起（上一动画之后，快速，效果选项为"按字母"）。（2分）

（5）为第3张幻灯片中的标题文字"乌镇"设置"半倒影-4pt偏移量"效果。（2分）

（6）为第3张幻灯片中的文本框（乌镇为浙北杭嘉湖平原上……）添加强调动画：基本型—陀螺旋（上一动画之前，非常快，重复2次）。（2分）

（7）设置幻灯片放映方式：勾选"循环放映，按Esc键终止"。（2分）

（8）保存文件。

## 四、程序设计（共1题，共5分）

31.求 *n*！即：1×2×3×…×*n*（*n* 由键盘输入）。

作答要求：请完成①②③④处填空，并删除①②③④及下划线，使之正确运行。

#输入一整数

n=int(input("n="))

#判断 *i* 是否小于 *n*,累乘

i=1

s=＿＿＿①＿＿＿（1分）

while＿＿＿②＿＿＿：（2分）

    s=＿＿＿③＿＿＿（1分）

    i=＿＿＿④＿＿＿（1分）

print("s=",s)

# 中职信息技术学业水平考试模拟试卷（二）

◎注意事项

1. 本试题分理论知识和技能操作两个部分，满分100分，考试时间60分钟。
2. 本试题采用无纸化系统考试，基于 Windows 10 操作系统、WPS 2019 办公软件。

## 第一部分　理论知识（共25分）

一、单项选择题（共15题，每题1分，共15分）

1. （　　）是信息技术设备中用于计量存储容量的基本单位。
   A．B　　　　　　　　B．B
   C．KB　　　　　　　D．MB

2. 下列属于鼠标连接接口的是（　　）。
   A．VGA　　　　　　B．HDMI
   C．RJ-45　　　　　D．USB

3. （　　）是将人类的语音转换为计算机可处理的输入内容，如文字、数字、符号和词汇、语句等。
   A．拼音输入　　　　B．语音识别
   C．光学识别　　　　D．中文输入

4. 下列属于图像文件的是（　　）。
   A．.wav　　　　　　B．.txt
   C．.jpg　　　　　　D．.avi

5. IPv6协议的IP地址采用（　　）位二进制数。
   A．128　　　　　　　B．64
   C．32　　　　　　　D．16

6. （　　）指资源在因特网等公共领域内可以被免费获取，允许任何用户阅读、复制、传递、打印、检索等。

　　A．共享资源　　　　　　　　B．开放资源

　　C．免费资源　　　　　　　　D．收费资源

7. （　　）主要指以时长 5 分钟以内的视频为信息载体、依托移动互联网平台生成社群关系从而形成的媒介产品。

　　A．短视频自媒体　　　　　　B．微信公众号

　　C．微博　　　　　　　　　　D．QQ 空间

8. WPS 默认的文档保存格式的文件扩展名为（　　）。

　　A．.doc　　　　　　　　　　B．.wps

　　C．.docx　　　　　　　　　 D．.txt

9. （　　）一般位于页面的底部，可以作为文档某处内容的注释、说明。

　　A．脚注　　　　　　　　　　B．尾注

　　C．批注　　　　　　　　　　D．页脚

10. 在电子表格单元格中输入数字前可以输入字符（　　），软件会把输入的数字自动作为文本处理。

　　A．.　　　　　　　　　　　　B．,

　　C．"　　　　　　　　　　　　D．'

11. （　　）一般采用一组规定的图形符号来表示算法。

　　A．自然语言　　　　　　　　B．流程图

　　C．程序设计语言　　　　　　D．伪代码

12. 在 Python 中，每个变量在使用前必须赋值，使用（　　）给变量赋值。

　　A．→　　　　　　　　　　　B．:

　　C．-　　　　　　　　　　　　D．=

13. 利用百度地图步行导航时，手机对着实景，会出现箭头提示方向，属于（　　）的应用。

　　A．虚拟现实　　　　　　　　B．增强现实

　　C．立体导航　　　　　　　　D．卫星导航

14. （　　）是网络和信息系统安全的最大威胁。

　　A．自然灾害　　　　　　　　B．系统漏洞

　　C．系统故障　　　　　　　　D．人为因素

15. 在身份验证中，（　　）口令一次一密，是应用最广的身份验证方法之一。

　　A．静态密码验证　　　　　　B．动态口令验证

　　C．基于信任物的身份验证　　D．基于独一无二的特征

## 二、是非选择题（共10题，每题1分，共10分）

16. 第四阶段的电子计算机核心电子元器件为大规模、超大规模集成电路。（　　）

　　A．正确　　　　　　　　　　B．错误

17. 网络信息资源不需要辨别真伪优劣，都可以拿来用。（　　）

　　A．正确　　　　　　　　　　B．错误

18. 物联网，是指物与物相连的网络。（　　）

　　A．正确　　　　　　　　　　B．错误

19. 公文版式的标题字体字号为宋体一号。（　　）

　　A．正确　　　　　　　　　　B．错误

20. 大数据具有数据体量大、数据类型多、数据产生的速度快、数据价值密度高等特征。（　　）

　　A．正确　　　　　　　　　　B．错误

21. 高级语言的特点是面向机器，易学易用，通用性强。（　　）

　　A．正确　　　　　　　　　　B．错误

22. 位图有无级别放大而始终平滑的特点。（　　）

　　A．正确　　　　　　　　　　B．错误

23. 计算机动画有二维动画和三维动画两类。（　　）

　　A．正确　　　　　　　　　　B．错误

24. 网络空间是开放和自由的，没有法律的约束。（　　）

　　A．正确　　　　　　　　　　B．错误

25. 人工智能的核心内容是机器学习。（　　）

　　A．正确　　　　　　　　　　B．错误

## 第二部分 技能操作（共 75 分）

一、图文编辑（共 2 题，每题 14 分，共 28 分）

26. 请完成下列操作。

（1）纸张设置为 A4 纸，纵向，上下左右边距均为 2.5 厘米。（2 分）

（2）将标题文字"Windows10 的七件事"设为黑体、二号、加粗、蓝色，居中对齐，字符间距：加宽 5 磅。（3 分）

（3）设置正文第 1 段至第 7 段的段落格式：单倍行距，段前 0.5 行，段后 0.5 行，首行缩进 2 个字符。（2 分）

（4）将正文第 3 段至第 4 段（3.IE 不见了……）等分两栏，加分隔线。（2 分）

（5）按以下要求对图片进行处理：（共 5 分）

设置图片高度为 6.5 厘米。（保持长宽比）；

阴影效果：设置图片阴影效果为"外部-左上斜偏移"；

环绕方式：设为"浮于文字上方"。

（6）保存文档。

27. 请完成下列操作。

（1）给标题文字"Windows10 安装要求"添加"红色的双下划线"。（2 分）

（2）在正文第 1 段文字"Win8"后插入脚注，内容为"2012 年 10 月 26 日正式推出"。（2 分）

（3）设置正文第 2 段文字"一、在配置方面，Win10 的配置需求并不高，具体配置如下："字体为"黑体，红色"。（2 分）

（4）对表格按以下要求进行修饰：（4 分）

整张表格居中对齐；

合并第 1 行的 2 个单元格，并设置该单元格内的文字对齐方向为"水平居中"；

给第 1 行文字"硬件最低配置要求"添加"着重号"；

表格外框设为"1.5 磅直线"。

（5）添加文字水印效果：文字内容为"Microsoft"，字体为深红色，其他设置默认。（2 分）

（6）设置页眉，并输入页眉文字"科技信息"，居中显示。（2 分）

（7）保存文档。

## 二、数据处理（共2题，每题14分，共28分）

28. 请完成下列操作。

（1）将文本文件中的数据导入到Sheet1工作表A1单元格处。（2分）

（2）在（I3:I19）计算总金额，在（J3:J19）计算利润。（3分）

（3）设置销售总金额千位分隔符，小数位数为0。（2分）

（4）（A2:J19）增加双线外框，单线条内框；（3分）

（5）将数据复制到Sheet2工作表中，筛选出销售价格在1000元以上的商品。（2分）

（6）在Sheet1工作表中，通过分类汇总对每个类型的销售总金额进行求和统计。（2分）

（7）保存文件。

29. 请在Sheet1工作表中完成下列操作。

（1）将（A1:F1）合并居中，设置字体为：楷体、22磅、加粗。（3分）

（2）对（A2:F8）选择一个套用表格格式：表样式浅色21。（2分）

（3）在（F3:F8）计算订单支付率，计算方式为：成交金额/订单金额，加上%，保留2位小数。（3分）

（4）按订单支付率从高到低排序。（3分）

（5）创建一个三维饼图，包含访客来源、成交金额，图表放在Sheet1工作表K2单元格处，显示数据标签，以百分比形式。（3分）

（6）保存文件。

## 三、数字媒体技术（共1题，共14分）

30. 请完成下列操作。

（1）将主标题文字"中国女药学家屠呦呦"字体设为"黑体、加粗、40号"，字符间距为"加宽4磅"。（4分）

（2）给副标题文字"呦呦鹿鸣，食野之蒿。"添加字体面板中的"文字阴影"效果。（2分）

（3）为第2页中的右侧文本框添加进入动画：基本型—缓慢进入（之后，方向为"自右侧"，速度为慢速）。（3分）

（4）为第2页中的左侧图片添加强调动画：基本型—放大/缩小（之后，尺寸为125%，速度为慢速）。（3分）

（5）设置第3张幻灯片的切换效果为：形状。（2分）

（6）保存文件。

## 四、程序设计（共1题，共5分）

31. 闰年就是指某年能被4整除而且不能被100整除，或者能被400整除的年份，下面使用Python程序编写一个能判断某年份是否为闰年的程序，请完成①②处填空，并删除①②及下划线，使之正确运行。

import math
#判断是否为闰年
def leap(y):
　　If (y % 4 ==0 and y % 100 !=0) or y % 400 ==0:
　　　　___①___（2分）
　　　　return p
　　else :
　　　　return False
year=int(input("请输入年份"))
result=___②___（3分）
if result== True:
　　print("闰年")
else:
　　print("非闰年")

# 中职信息技术学业水平考试模拟试卷（三）

◎注意事项

1. 本试题分理论知识和技能操作两个部分，满分 100 分，考试时间 60 分钟。
2. 本试题采用无纸化系统考试，基于 Windows 10 操作系统、WPS 2019 办公软件。

## 第一部分　理论知识（共 25 分）

一、单项选择题（共 15 题，每题 1 分，共 15 分）

1. （　　）是一种小型、方便携带的移动终端，与笔记本电脑配备键盘/鼠标不同，它以触控屏作为基本的输入设备。

　　A．智能手机　　　　　　　B．智能手环
　　C．平板电脑　　　　　　　D．上网本

2. （　　），又称人机界面，是用户使用计算机等信息技术设备的接口。

　　A．用户界面　　　　　　　B．命令行界面
　　C．图形用户界面　　　　　D．触控屏界面

3. 关于文件名的命名规则，下列说法正确的是（　　）。

　　A．文件名最长可以使用 256 个字符
　　B．文件名不允许使用空格
　　C．文件名不可以使用多个"."
　　D．Windows 操作系统文件名不区分大小写

4. 互联网时代有各种网络社区、群组等，把传统社会的人际关系迁移到了网络空间，这属于互联网促进（　　）的转变。

　　A．生产方式　　　　　　　B．商业模式
　　C．工作模式　　　　　　　D．社交方式

5. 下列选项中，（　　）不属于典型家庭上网连接方式。

　　A．光纤入户接入　　　　　　B．LAN 接入

　　C．热点接入　　　　　　　　D．ADSL 拨号接入

6. 下列邮箱地址中，正确的是（　　）。

　　A．abc#163.com　　　　　　B．abc&163.Com

　　C．abc*163.com　　　　　　D．abc@163.com

7. （　　）是一种基于网络的数据存储形式，用户可以通过网络随时随地访问数据。

　　A．微信朋友圈　　　　　　　B．QQ 空间

　　C．博客　　　　　　　　　　D．云存储

8. 对文档的（　　）包括设置格式化限制和编辑限制。

　　A．限制打开　　　　　　　　B．限制复制

　　C．限制编辑　　　　　　　　D．限制读取

9. （　　）提供数据列、数据行及表格的插入、删除等基本操作，数据项存储在单元格中。

　　A．文字处理软件　　　　　　B．电子表格软件

　　C．数据库软件　　　　　　　D．在线数据处理平台

10. 在大数据处理过程中，分类属于（　　）。

　　A．数据采集　　　　　　　　B．数据存储

　　C．数据挖掘　　　　　　　　D．数据呈现

11. （　　）是根据给定的条件反复执行的程序语句。

　　A．顺序结构　　　　　　　　B．选择结构

　　C．分支结构　　　　　　　　D．循环结构

12. 利用格式工厂可以将 FLV 格式的视频转换为（　　）格式。

　　A．MP4　　　　　　　　　　B．JPG

　　C．WPS　　　　　　　　　　D．MP3

13. 信息安全的基本属性中，（　　）是指能够对网络系统中传播的信息及其内容进行有效的控制和管理。

　　A．完整性　　B．保密性　　C．可控性　　D．可用性

14. 防范信息系统脆弱性，必须有牢固的技术防范措施，首要是发展（　　）、安全可信的核心基础软硬件。

　　A．自主可控　　　　　　　　B．自律机制

　　C．标准管理　　　　　　　　D．技术过关

15. （　　）是智能机器人，是通过自主行动实现预定目标的高级机器人。

　　A．第一代机器人　　　　　　B．第二代机器人

　　C．第三代机器人　　　　　　D．第四代机器人

## 二、是非选择题（共 10 题，每题 1 分，共 10 分）

16. 二进制数转换为十进制数，可采用"除 2 取余，逆序配列"法。（　　）

　　A．正确　　　　　　　　　　B．错误

17. 网上支付是电子支付的一种形式，通过第三方提供的与银行之间的支付接口进行即时支付。（　　）

　　A．正确　　　　　　　　　　B．错误

18. 以 Word、WPS 为代表的文字处理软件，主要用于广告制作、报纸杂志出版、包装设计等领域。（　　）

　　A．正确　　　　　　　　　　B．错误

19. 电子表格软件中的函数由函数名、参数、小括号三部分组成。（　　）

　　A．正确　　　　　　　　　　B．错误

20. 在 Python 中，函数的调用只能调用内置函数。（　　）

　　A．正确　　　　　　　　　　B．错误

21. 在色相环上，位置相对的颜色称为补色。（　　）

　　A．正确　　　　　　　　　　B．错误

22. 制作演示文稿时，版面应简洁，要有一定的留白。（　　）

　　A．正确　　　　　　　　　　B．错误

23. 增强现实与虚拟现实是相反的。（　　）

　　A．正确　　　　　　　　　　B．错误

24. 在使用无线网络时，可以随意连接 Wi-Fi，不必担心信息泄露。（　　）

　　A．正确　　　　　　　　　　B．错误

25. 人工智能，简称 AI。（　　）

　　A．正确　　　　　　　　　　B．错误

# 第二部分　技能操作（共75分）

## 一、图文编辑（共2题，每题14分，共28分）

26．请完成下列操作。

（1）设置页面大小为：A4纸、纵向，装订线0.5厘米，装订线位置在"左侧"。（2分）

（2）设置标题文字"新型冠状病毒肺炎"的字体格式：黑体，二号，居中；将"新型冠状"设为红色。（2分）

（3）将第二段的"病毒特征"和第三段的"传播途径"设置为"标题2"格式。

（4）设置正文第1~3段的段落格式为：段前0.5、段后0.5行，行距为"固定值21磅"，首行缩进2字符。（2分）

（5）按以下要求对图片进行处理：（共4分）

　　图片的高度设为4 cm（约束比例）；

　　环绕方式为"紧密环绕"，置于正文第3段右侧。

（6）添加文字水印效果：文字内容为"疫情防控"，隶书、36号、红色，其他设置默认。（2分）

（7）保存文档。

27．请完成下列操作。

（1）将标题文字"新冠疫苗"设为：斜体，加红色双波浪下划线。（2分）

（2）将正文第一段的"疫"字设置为首字下沉3行。（2分）

（3）将正文第2段和第3段中所有"疫苗"文字字体设为"加粗、加着重号"。（2分）

（4）将正文中第2段（疫苗会不会……）等分3栏，有分隔线。（2分）

（5）把文档末尾的文字转换成一个"3列×3行"的表格，表内文字对齐方式为"水平居中"；第1行文字设为"黑体"，并用"橙色"底纹填充；表格外框为"双实线"。（4分）

（6）为文档添加页眉，内容为"新冠疫苗"，靠右，添加页码，位置在页脚居中。（2分）

（7）保存文档。

## 二、数据处理（共2题，每题14分，共28分）

28．请在Sheet1工作表中完成下列操作。

（1）将（A1:F1）合并居中，设置字体为：黑体、22磅、加粗。（3分）

（2）（A2:F12）增加双线外框。（2分）

（3）用SUM函数在（F3:F12）计算奖牌总数。（3分）

（4）筛选出奖牌总数在20以上的数据。（3分）

（5）创建一个柱形图，包含国家、金牌、银牌、铜牌，图表Sheet1工作表H2单元格处。（3分）

（6）保存文件。

29．请在Sheet1工作表中完成下列操作。

（1）突出显示销售数量20以上的单元格，要求红色填充。（3分）

（2）设置销售单价人民币符号，小数点0位。（2分）

（3）在（E3:E12）计算销售额。（3分）

（4）创建一个数据透视表，按"出版社"统计各图书的销售数量，放在G2单元格。（3分）

（5）复制数据到Sheet2中，通过分类汇总对每个出版社的总销售额进行求和统计。（3分）

（6）保存文件。

### 三、数字媒体技术（共1题，共14分）

30．请完成下列操作。

（1）将第1张幻灯片版式设置为"标题幻灯片"，并输入标题文字"玩具介绍"。（3分）

（2）将第1张幻灯片中的图片大小设为高6厘米，宽9厘米，图片效果设为阴影效果：外部—右下斜偏移（外部第1行第1个）。（3分）

（3）对第2张幻灯片中的图片设置进入动画：菱形（上一动画之后）。（3分）

（4）将所有幻灯片的切换效果设置为"百叶窗"，效果选项设为"垂直"，速度为2秒。（3分）

（5）设置幻灯片放映类型为：勾选"循环放映，按ESC键终止"。（2分）

（6）保存文件。

### 四、程序设计（共1题，共5分）

31．随机产生10个[1,100]的随机整数，并找出最小值。请完成①②处填空，并删除①②及下划线，使之正确运行。

```
import random
a=[]
p=100
#随机产生10个[1,100]的整数并找出最小值
for i   ①   （2分）
    b=random.randint(1,100)
    a.append(b)
    if   ②   （3分）
        p=a[i]
print("产生十个[1,100]的整数为\n",a,"\n最小值为",p)
```